A NATUREZA DO AVAL E A QUESTÃO DA NECESSIDADE OU NÃO DE PROTESTO PARA ACCIONAR O AVALISTA DO ACEITANTE

Outros títulos nesta Colecção:

A Tutela Constitucional da Autonomia Privada — Ana Prata
Recursos em Processo Civil — M. de Oliveira Leal Henriques
Do Abuso do Direito — Jorge Manuel Coutinho de Abreu
Participação e Descentralização, Democratização e Neutralidade na Constituição de 76 — J. Baptista Machado
A Falsidade no Direito Probatório — José Lebre de Freitas
Direito Bancário — Temas Críticos e Legislação Conexa — Alberto Luís
Temas de Direito das Sociedades — António Caeiro
Usufruto e Arrendamento — O Direito de Usufruto como Alternativa ao Arrendamento — António dos Santos Lessa
Droga — Prevenção e Tratamento. Combate ao Tráfico — A. G. Lourenço Martins
O Agravo e o seu Regime de Subida — Estrutura, Funcionamento e Prática do Agravo — Fernando Luso Soares
O Processo Penal como Jurisdição Voluntária — Uma Introdução Crítica ao Estudo do Processo Penal — Fernando Luso Soares
Os Direitos dos Consumidores — Carlos Ferreira de Almeida
Direito do Trabalho e Nulidade do Despedimento — Messias de Carvalho — Vítor Nunes de Almeida
Para uma Nova Justiça Penal — Ciclo de Conferências no Conselho Distrital do Porto da Ordem dos Advogados
Temas Laborais — António Monteiro Fernandes
A Convenção Colectiva entre as Fontes de Direito de Trabalho — José Barros de Moura
Despedimentos e Outras Formas de Cessação do Contrato de Trabalho — Carlos Alberto Lourenço Morais Antunes — Amadeu Francisco R. Guerra
Intenção e Dolo no Envenenamento — João Curado Neves
A Natureza Jurídica do Recurso — Direito de Anulação — Vasco Pereira da Silva
Conceitos Fundamentais do Regime Jurídico do Funcionalismo Público — Vol. 1 — João Alfaia
Conceitos Fundamentais do Regime Jurídico do Funcionalismo Público — Vol. 2 — João Alfaia
Estudos de Direito Civil Comercial e Criminal — A. Ferrer Correia
Direitos Fundamentais dos Trabalhadores e a Constituição — João Caupers
O Direito Penal Sexual: Conteúdo e Limites — Karl Prelhaz Natscheradetz
Danos não Patrimoniais — O Dano da Morte — Delfim Maya de Lucena
Problemática do Erro sobre a Ilicitude — Teresa Serra
Cláusulas de Exclusão e Limitação da Responsabilidade Contratual — Ana Prata
Reflexões Críticas sobre a Indignidade e a Deserdação — Branca Martins da Cruz
Estudos de Registo Predial — Jorge Seabra de Magalhães
A Conversão do Negócio Jurídico — Teresa Luso Soares
Contratos Internacionais — Maria Ângela Bento Soares — Rui Manuel Moura Ramos
Arrendamentos Comerciais — M. Januário Gomes
Temas Fundamentais de Direito — M. Bigotte Chorão
Temas de Direito Comercial — Ciclo de Conferências da Ordem dos Advogados do Porto
O Procedimento Administrativo — Paulo Ferreira da Cunha
Temas de Direito de Família — Ciclo de Conferências da Ordem dos Advogados do Porto
Tribunal de Conflitos: Organização, Competência, Poderes e Natureza Jurídica — António Augusto Damasceno Correia
Manual de Acidentes de Viação — Dario Martins de Almeida
Constituição e Direitos de Oposição — J. M. Silva Leitão
Crimes de Empreendimento e Tentativa — Jorge C. Almeida Fonseca
A Relevância Jurídica Penal das Decisões de Consciência — A. Silva Dias
Atendibilidade de Factos não Alegados — Prof. Pessoa Vaz
A Excepção de não Cumprimento do Contrato de Direito Civil Português — José João Abrantes
Sobre os Regulamentos Administrativos e o Princípio da Legalidade — Jorge Manuel Coutinho de Abreu
Trabalho a Favor da Comunidade — Maria Amélia Vera Jardim
Novas Perspectivas de Direito Comercial — Faculdade de Direito da Universidade Clássica de Lisboa
O Novo Código de Processo Penal — Centro de Estudos Judiciários
Estudos de Direito Civil — A. Menezes Cordeiro
A Cláusula de Reserva de Propriedade — Luís Lima Pinheiro
Constituição de Sociedades — Albino Matos
As Operações Comerciais — Curso de Mestrado na Faculdade de Direito de Lisboa — Vários Autores
Assembleias Gerais nas Sociedades por Quotas — Branca Martins da Cruz
Temas de Direito Comercial e Direito Internacional Privado — A. Ferrer Correia
A Tutela dos Interesses Difusos em Direito Administrativo — Luís Colaço Antunes
Filiação — Constituição e Extinção do Respectivo Vínculo — Tomás de Oliveira e Silva
Estudos de Direito Comercial — Vol. 1 — *Das Falências* — Faculdade de Direito de Lisboa
Nome das Pessoas e o Direito — M. Vilhena de Carvalho
Manual dos Juros — F. Correia das Neves
Introdução ao Processo Penal — José da Costa Pimenta
O Subcontrato — Pedro Romano Martinez
Em Tema de Revogação do Mandato Civil — Manuel Januário Gomes
Para um Contencioso Administrativo dos Particulares — Vasco Pereira da Silva
A Confissão, Desistência e Transacção em Processo Civil e do Trabalho — Álvaro Lopes-Cardoso
Legislação sobre Seguros e Actividade Seguradora — Paulo Ventura
A Posição Jurídica do Comprador na Compra e Venda com Reserva de Propriedade — Ana Paula Peralta
O Contrato de Concessão Comercial — Maria Helena Brito
Justa Causa de Despedimento na Jurisprudência — Pedro Cruz
Requiem pelo Contrato Administrativo — Maria João Estorninho
A Acção Executiva em Processo Laboral — Álvaro Lopes-Cardoso
Banca Bolsa e Crédito — António Menezes Cordeiro
A Natureza do Aval e a Questão da Necessidade ou não de Protesto para Accionar o Avalista do Aceitante — Paulo Sendim — Evaristo Mendes

PAULO SENDIN
EVARISTO MENDES

A NATUREZA DO AVAL E A QUESTÃO DA NECESSIDADE OU NÃO DE PROTESTO PARA ACCIONAR O AVALISTA DO ACEITANTE

LIVRARIA ALMEDINA
COIMBRA — 1991

PRINCIPAIS ABREVIATURAS

BMJ — Boletim do Ministério da Justiça
CC — Código Civil
C Com. — Código Comercial
FDUL — Faculdade de Direito da Universidade de Lisboa
GRL — Gazeta da Relação de Lisboa
LU (ou Lei Uniforme) — Lei Uniforme relativa às Letras e Livranças
RL — Relação de Lisboa
RLJ — Revista de Legislação e de Jurisprudência
ROA — Revista da Ordem dos Advogados
RT — Revista dos Tribunais
STJ — Supremo Tribunal de Justiça

NOTA PRÉVIA

No domínio do direito cambiário, o aval – e, em particular, a questão da necessidade ou não de protesto para accionar o avalista do aceitante – é, sem dúvida, uma das matérias que mais tem interessado a nossa doutrina e, simultaneamente, uma das que mais casos litigiosos tem levado aos nossos tribunais. A frequência das disputas judiciais – de que o Acórdão do Supremo Tribunal de Justiça de 17 de Março de 1988, recentemente publicado (BMJ 375, p. 399 ss), é um exemplo – tem vindo, mesmo, a aumentar, em especial no que se refere àquela questão.

Este aresto, embora se integre na corrente doutrinal e jurisprudencial dominante – que defende a tese da desnecessidade de protesto –, foi proferido com um voto de vencido. Em tal Acórdão pode ler-se: «E é face a estas duas disposições [o STJ refere-se aos arts. 53 I e 32 I da Lei Uniforme relativa às letras e livranças] que... teremos de decidir...» «E pergunta-se: se o dador do aval é responsável da mesma maneira [que] a pessoa de quem se constitui garante... como se pode exigir o protesto... se a lei o dispensa para o aceitante, "de quem se constituiu garante"?» «Salvo o devido respeito pela opinião em contrário, a clareza do preceito [em causa está o art. 32 I da L.U.] explica a... quase total unanimidade... de opiniões no sentido de que também quanto ao avalista do aceitante não precisa o portador de se munir de protesto». (p. 400)

E, depois de passada em revista alguma doutrina e de uma breve referência à jurisprudência no sentido desta tese, conclui-se: «Nestes termos, e porque se não encontra motivo para afastar a doutrina e jurisprudência indicadas, nega-se a revista, confirmando-se o douto acórdão recorrido...» (p. 402).

O objectivo do presente trabalho – cuja publicação o conjunto de circunstâncias acabado de referir torna especialmente oportuna – é pôr à prova esta afirmação do Supremo de que não se encontra motivo para afastar a doutrina e a jurisprudência dominantes. Não manifestando *para já posição acerca da natureza do aval na Lei Uniforme, o problema pode ser analisado tomando como ponto de partida duas concepções do aval: a concepção segundo a qual ele constitui uma garantia pessoal da obrigação avalizada e aqueloutra que vê nele uma garantia do pagamento pontual da letra.*

A primeira corresponde à tradição e é aquela que tem inspirado a nossa doutrina e a nossa jurisprudência dominantes na análise e resolução dos casos práticos com que se têm deparado. No fundo, ela é o reflexo de uma visão jurídica da letra de câmbio assente, por um lado, na ideia de que se trata de um título sobre o qual incide um direito real e, por outro, na de que este título incorpora determinadas obrigações dos subscritores (e os correspondentes direitos de crédito), que lhe dão o valor económico que à mesma é reconhecido no mundo dos negócios.

A letra é, na realidade, objecto de um tráfico jurídico que pressupõe ter ela determinado valor económico. Excluído que este possa residir no direito sobre o papel e encerrado o instituto dentro dos limites estreitos do sistema clássico, que tendia a reduzir os fenómenos jurídico-patrimoniais às figuras do direito real e da obrigação, esse valor só poderia residir num sistema de obrigações dos seus subscritores.

Sendo o aval uma garantia do valor patrimonial da letra, nesta visão das coisas, ele só poderia, portanto, ser uma garantia da obrigação de algum desses subscritores. O seu fim será, assim, tal como na fiança, garantir o cumprimento de uma obrigação principal; no caso do avalista do aceitante, a obrigação deste. E daí retira-se, como consequência lógica, que o avalista, tal como o fiador, é obrigado, salvo naturalmente lei ou cláusula em contrário, se, quando e como o for aquele que ele garante (acessoriedade, utilizando esta palavra num sentido muito amplo e, por isso, pouco técnico). Assim, constituindo-se a obrigação do aceitante com a declaração de aceite e obrigando-se o seu avalista solidariamente com ele, este será – na falta de lei ou convenção –, sem mais, responsável pelo cumprimento dessa obrigação – e, por isso, afirma a doutrina dominante, apoiando-se no art. 32 I da L.U., o protesto não é necessário.

Para um completo esclarecimento desta questão, ela deveria ser devidamente situada e analisada no contexto mais geral das garantias reconhecidas pelo ordenamento jurídico. Isso só de forma muito reduzida será aqui feito. Este trabalho não pretende, na verdade, ser senão um simples contributo para a interpretação da Lei Uniforme e, em certa medida, para a construção jurídica do aval que se extrai dos seus preceitos.

Recordemos, pois, os termos em que o problema se põe, face a esta lei. Como se disse, considerando que o aval se destina a garantir o cumprimento da obrigação do avalizado, salvo disposição da lei ou cláusula em contrário, aquele seria, logicamente, obrigado se, quando e como o for este. Tudo está, portanto, em saber se, ou em que medida, a Lei Uniforme consagra esta regra (de que o avalista é obrigado se, quando e como o for o seu avalizado).

A doutrina e a jurisprudência dominantes (cf. o aresto acima referido) vêem no artigo 32 I — que diz que o avalista «é responsável da mesma maneira» que o seu avalizado — essa consagração. Esta tese tem, no entanto, contra si importantes obstáculos, a cuja análise será dedicada boa parte do presente trabalho. Neste momento, importa referir apenas dois deles, que têm a ver directamente com o Acórdão acima citado.

Comecemos pela letra da lei. Para exprimir o seu pensamento — e, como lembra aquele aresto, de acordo com o art. 9.3 do Código Civil, deve presumir-se que o legislador soube exprimir o seu pensamento em termos adequados —, o legislador utiliza uma locução adverbial de modo: «da mesma maneira» (de la même manière, in the same manner, nos textos oficiais da L.U.). Confrontando o texto do art. 32 I com a regra acima referida, é fácil de ver que ele se refere apenas ao modo como o avalista responde e não às circunstâncias em que responde: é relativo ao «como» e não também ao «se, quando» responde o avalista. E, se isso é assim, convirá, antes de mais, ver se há ou não outras disposições legais relativas a esta questão de saber «quando», dentro de que pressupostos ou condições, é o avalista responsável perante o portador da letra.

Ora estas encontram-se sem dificuldade. A primeira constitui-a o art. 32 II. As restantes constam do capítulo VII (arts. 43ss), em que se regula a matéria da responsabilidade de todos os subscritores da letra (incluindo os respectivos pressupostos) — aceitante incluído — pelo seu não pagamento pontual, e onde se destaca — para o problema em discussão — o art. 53 I.

Nestas condições, afirmar — como se faz no Acórdão acima citado em relação ao protesto — que o art. 32 I é claro no sentido de compreender no seu âmbito também a questão dos pressupostos ou condições da responsabilidade do avalista é negar a evidência, que aponta, justamente, na direcção oposta. E, na verdade, como se verá ao longo deste estudo, a interpretação que a doutrina e a jurisprudência dominantes fazem do art. 32 I não tem nada a ver com os seus termos, nem com o sistema da Lei Uniforme, mas é tão-só o fruto de uma determinada concepção do aval (e da própria letra) que a tradição jurídica, baseada nos códigos comerciais, consagrara.

A questão de fundo não é, porém, a de saber se — partindo da concepção do aval adoptada pela doutrina e pela jurisprudência dominantes — deve ou não aceitar-se a conclusão de que, face à Lei Uniforme, o avalista do aceitante é responsável perante o portador independentemente de protesto. O problema reside logo nessa concepção, a partir da qual essa doutrina e essa jurisprudência argumentam. Tudo está, na verdade, em saber se tal concepção é compatível com o articulado da Lei Uniforme e, em caso afirmativo, se é a que melhor se coaduna com ele. O objectivo fundamental deste estudo consiste, justamente, em demonstrar que tal compatibilidade não existe e em esclarecer o sentido da segunda concepção acima referida, do aval como garantia do pagamento da letra, que se apresenta como alternativa à concepção dominante e é, como se verá, aquela que decorre do texto e do sistema da Lei Uniforme. Uma vez conseguido tal objectivo, a tese de que o direito de acção do portador depende de protesto aparecerá como conatural a esse sistema. Sobre o assunto, dão-se, de seguida, alguns tópicos.

Tendo o aval (tal como a fiança) como função garantir o cumprimento da obrigação do avalizado, um corolário se impõe: a existência, validade e conteúdo da obrigação avalizada condicionam a existência, validade e conteúdo da obrigação do avalista, de tal forma que, sendo inválida ou extinguindo-se a primeira, a mesma sorte deverá ter a segunda, e, tendo aquela certo conteúdo, não poderá esta ter conteúdo mais amplo. Se a função da garantia é, efectivamente, assegurar ao seu destinatário o cumprimento da obrigação avalizada, se o aval é uma obrigação de garantia deste cumprimento, não pode ser de outro modo. Estamos no domínio do núcleo fundamental e necessário da acessoriedade, que caracteriza este tipo de garantias.

O artigo 32II da Lei Uniforme determina, porém, que o avalista é obrigado mesmo que a obrigação do seu avalizado (note-se que a lei não fala em obrigação avalizada) seja nula (salvo se se tratar de vício de forma). Estabelecendo doutrina contrária àquele corolário e correspondendo tal corolário à própria essência das obrigações de garantia de outras, ele opõe-se, logicamente, à concepção tradicional e dominante do instituto, e não resta outra alternativa que não seja a de reconstruir este (em novos moldes) a partir do disposto nesta lei.

Para o efeito, é importante, por um lado, rever a própria concepção imperante (obrigacional) da letra; e, por outro lado, ter presente que, para além das garantias obrigacionais do cumprimento de outras obrigações, ditas principais, o ordenamento jurídico reconhece a existência de outro tipo de garantias: garantias de que determinado resultado se produzirá, de que certo bem tem determinada qualidade ou proporciona certo rendimento, etc., tornando-se o garante responsável pela eventual não produção desse resultado ou pela falta de qualidade ou rendimento assegurados. Neste tipo de garantias, que poderemos designar como não obrigacionais, o garante, mesmo quando assegura determinado resultado, e este consiste no cumprimento pontual de um contrato ou de uma obrigação, não se obriga, com a sua declaração negocial, a fazer com que ele se produza. Apenas declara que o mesmo ocorrerá, tornando-se responsável pela sua eventual não verificação. Uma possível obrigação depende, portanto, deste pressuposto e a prova de tal pressuposto – se a garantia não é automática – compete, em princípio, àquele que pretenda exigir-lhe responsabilidade.

Em traços muito genéricos, pode dizer-se que – numa letra concebida para circular e posta em circulação – a sua essência e o seu valor patrimonial actual, isto é, aquele que lhe é reconhecido no mundo dos negócios, residem na ordem de pagamento constante do título, tenha ou não o destinatário desta reconhecido, por aceite, que a cumprirá. O confronto com o cheque confirma, aliás, que é assim.

Não se trata, porém, de uma simples ordem de pagar. Estamos perante uma ordem cujo cumprimento pontual pelo seu destinatário (o sacado), indicado no título, é garantido.

O valor patrimonial que à letra é atribuído quando a mesma – antes do vencimento – é objecto de transacções assenta no pressuposto desse cumprimento. Daí que, segundo a lei, o emitente do título seja necessariamente seu garante e que o sejam também, em princípio, os seus endossantes (arts. 9 e 15 da L.U.). Complementarmente, às garantias (legais) destes subscritores podem juntar-se as (voluntárias) de um ou mais avalistas (art. 30 I da L.U.).

Ser garante do pagamento da letra é, deste modo, ser garante do cumprimento pontual, pelo sacado, da ordem de pagamento constante do título e, por isso, diferentemente do que se passa nas garantias obrigacionais, como a fiança, não significa ser obrigado a pagá-la. Ela é para ser paga pelo sacado. Se este aceita antecipadamente – através de aceite – a ordem que lhe é dirigida, obriga-se a pagá-la (art. 28 da L.U.). Os demais subscritores cambiários, não sendo destinatários dessa ordem, mas meros garantes do seu cumprimento por aquele a quem ela é dada, não assumem qualquer obrigação com relação ao seu pagamento.

Mais precisamente (cf. os arts. 43 ss da L.U.), eles garantem que, se a letra for pontualmente apresentada ao sacado para que a pague (isto é, na época e no lugar de pagamento indicados no título), este cumprirá, à simples apresentação do título, a ordem de pagamento dela constante. Se, verificado este condicionalismo em que a garantia funciona, esse resultado não se produzir, isto é, se o sacado (aceitante ou não) recusar o pagamento, na falta de disposição especial da lei, os garantes deveriam tornar-se responsáveis por esse facto, isto é, obrigados (em princípio, mas cf., nomeadamente, o art. 32 I e o art. 26 I da L.U.) a colocar o portador na situação que ele teria se o resultado garantido se tivesse verificado (e que a lei tipifica: cf. os arts. 47s da L.U.).

E, também segundo os princípios gerais (cf. o art. 342.1 do C.C.), ao portador caberia fazer a prova desse facto. A Lei Uniforme, porém, estabeleceu uma solução de compromisso, dispensando, por um lado, o portador de fazer essa prova, mas, por outro lado e por razões de segurança jurídica, fazendo depender – em geral e salvo cláusula em contrário – o seu direito de acção (regresso) de uma declaração de protesto (cf. os arts 44, 46 e 53 da L.U.), entre nós perante o notário.

O sistema da lei é simples. A letra é concebida para circular com base no pressuposto de que o destinatário da ordem de pagamento dela constante a cumprirá pontualmente. Confirmando este, antecipadamente, com o seu aceite, que o fará, fica, legalmente, obrigado a pagar (art. 28 da L.U.). Os demais subscritores são meros garantes (legais ou voluntários, consoante o caso) de que aquela ordem será cumprida pelo seu destinatário (arts. 9, 15 e 30 I).

Se este resultado «prometido» pelo aceitante e garantido pelos restantes signatários da letra não se der, isto é, se houver falta de pagamento imputável ao sacado, e se a letra for protestada («devendo» sê-lo, em princípio), abre-se uma nova fase, a do regresso da letra, em que todos respondem – o aceitante incluído – pelo seu não pagamento, isto é, são obrigados de regresso. Faltando algum dos pressupostos de que depende a constituição da relação obrigacional de regresso, nomeada-

mente o protesto (se este não tiver sido dispensado), o título apenas documenta uma obrigação (aliás eventual): a do aceitante, decorrente do seu acto de aceite.

Está, assim, explicado porque é que o avalista do aceitante, como os demais garantes do pagamento da letra, só é obrigado perante o portador se este tiver nas mãos uma letra protestada. É que, diferentemente do que acontece com o seu avalizado, ao dar o seu aval, ele não assume qualquer obrigação de pagar a letra (no sentido que esta expressão tem na Lei Uniforme). A sua garantia é de um tipo diferente daquele a que pertence a fiança. Ele garante que determinado resultado, a produzir por um terceiro, se verificará, só vindo, eventualmente, a constituir-se obrigado como consequência da não produção desse resultado; não se obriga logo com a sua declaração de aval a produzi-lo, embora na posição de garante. No quadro das garantias existentes, o aval integra-se, pois, no grupo das garantias que designámos como não obrigacionais.

Uma vez que a tese da desnecessidade do protesto para accionar o avalista do aceitante, defendida pela doutrina dominante no domínio da Lei Uniforme, só é verdadeiramente compreensível lendo (rectius, corrigindo) as disposições desta lei à luz das concepções doutrinais relativas ao aval construídas na vigência dos direitos nacionais anteriores, no caso português, na vigência dos códigos comerciais – historicamente, o aval foi enquadrado na teoria das obrigações de garantia de uma obrigação principal e esta teoria, mesmo quando formalmente abandonada, continuou sempre a inspirar as soluções dadas pela corrente de pensamento dominante às questões do aval –, os primeiros capítulos são dedicados à análise da natureza do aval numa perspectiva histórica. Ver-se-á depois como a solução dada à questão do protesto decorre essencialmente do entendimento que se tem dessa natureza e pôr-se-ão a descoberto os equívocos e pressupostos não demonstrados em que ela assenta, bem como o uso de métodos menos ortodoxos de interpretação da lei (cap. IV). No cap. V, expor-se-á e far-se-á a análise da doutrina que defende a tese contrária. Finalmente, no cap. VI, sintetizar-se-ão as conclusões a que se chega, quanto à questão que nos ocupa, da análise da doutrina que defende a tese da desnecessidade do protesto; e ver-se-á como a tese contrária decorre naturalmente de uma correcta compreensão da letra no domínio da Lei Uniforme.

CAPÍTULO I

A NATUREZA DO AVAL NO CÓDIGO COMERCIAL DE 1833

1. *O aval como fiança, isto é, como garantia do cumprimento da obrigação cambiária do avalizado.* — É corrente ver-se escrito que, no domínio do Código comercial de 1833, o aval era uma simples fiança([1]).

E, na verdade, o grande comentador deste código, SAMPAIO PIMENTEL, escreveu a propósito: " Aval ... é uma nova garantia ao pagamento da letra, uma fiança dada ao portador para reforçar a responsabilidade d`algumas firmas''([2]); o avalista " faz suas as obrigações contrahidas pelas firmas,em favor das quaes prestou aval ''([3]).
No mesmo sentido pode ainda citar-se o próprio autor do código, FERREIRA BORGES, embora este autor não deixe de pôr em evidência as diferenças que separam o aval da fiança ordinária ([4]).

2. *(Cont.)*—As disposições que tinham a ver com esta questão eram o artigo 351– que dispunha: " Independentemente do aceite o pagamento da letra de câmbio pode ser garantido por aval " – e o artigo 353 –que estabelecia : "O dador de aval é solidariamente adstrito às mesmas obrigações, e sujeito às mesmas acções que o sacador e o endossador, salvas as diversas convenções das partes..."– , por um lado; e os artigos 840 e seguintes relativos à fiança, por outro. Destes resultava que "Fiança é o crédito dado pelo fiador em segurança da dívida alheia" e,

---

([1]) SÁ CARNEIRO, 89 RT, p. 344; CARLOS PEREIRA, 4 ROA (1 e 2), p. 167 (intervenção na sessão de 17.1.1944 do Instituto da Conferência da Ordem dos Advogados, dedicada ao tema em análise; para as restantes intervenções, indicar-se-á simplesmente o ano e as páginas da revista; cf. *infra*, n.º 35); MARNOCO e SOUSA, *Das Letras,* Coimbra 1897, p. 432.
([2]) *Annotações ao Codigo de Commercio portuguez,* II, Coimbra 1866, anot. aos arts. 351s, p.75s.
([3]) *Op. cit.,* p. 106.
([4]) Cf. *Diccionario juridico-commercial,* Lisboa 1839, p.48s.

portanto, "só pode existir sobre dívida válida " (art. 840) e "não pode exceder a dívida principal, nem ser contraída em condições mais onerosas" (art. 843), embora "(possa) contrair-se por quantidade menor, e com menos onerosas condições " (art. 843).

Nas palavras de SAMPAIO PIMENTEL, " *Fiança* em geral é a *responsabilidade por obrigação alheia:* fiador, a pessoa que presta ou toma sobre si esta responsabilidade... *garant (indo ao credor) o cumprimento da obrigação contrahida pelo devedor,* se este a não cumprir pelo modo, no tempo, segundo as condições convencionadas"([5]). E, como consequências principais, a obrigação do fiador *só* existe quando existir a dívida cujo cumprimento garante (mas, note-se desde já que "só existe" não é o mesmo que "existe sempre": a obrigação de garantia, resultando de um negócio jurídico próprio, tem as suas causas próprias de invalidade e ineficária, para além e independentemente daquelas que decorrem da sua acessoriedade com a obrigação principal) e não pode exceder essa dívida.

E, quanto ao art. 353, escreve este autor: "Os fiadores e dadores de aval consideram-se inscriptos na letra *no logar* e com as *mesmas obrigações* da firma afiançada: são responsáveis *enquanto* dura a responsabilidade desta; *desligando-se ella da obrigação* , *quebrada a cadeia* , *cessaram* os deveres dos que a tinham garantido"([6]). Quer dizer, o avalista "faz suas as obrigações contrahidas pelas firmas, em favor das quaes prestou aval"([7]) – é o que significa estar "adstricto às *mesmas* obrigações". E, por isso, fica "sujeito às mesmas acções" que o avalizado, isto é, tal como o fiador a sua obrigação *só dura* enquanto durar a do avalizado (o que é *diferente* de dizer que ela se mantém *sempre* que a obrigação avalizada se mantiver) e a sua responsabilidade não pode exceder a do avalizado, embora possa estar sujeita às "condições " próprias que o avalista entenda (parte final do art. 353). O facto de o dador de aval, tal como o fiador ordinário, poder responder em condições menos onerosas e condicionar autonomamente a sua responsabilidade é uma simples consequência do facto de esta resultar de um negócio jurídico. A impossibilidade legal de o avalista, ou o fiador, responderem

---

([5]) *Op. cit.,* 364, anot. ao art.840.Os sublinhados são, aqui como na generalidade das restantes citações, dos signatários deste estudo.
([6]) *Op. cit.,* p. 106.
([7]) *Ibidem* .

sem a obrigação garantida existir validamente ou para além daquilo a que a pessoa garantida está obrigada traduz a acessoriedade das garantias relativamente à obrigação garantida, que não é mais do que um corolário de o objectivo da garantia ser o cumprimento da obrigação garantida.

Assim interpretado o art. 353, assimilado o aval à fiança, o art. 351 deve ver-se em conjugação com ele. Este responde à pergunta ''o que é o aval?'' dizendo simplesmente que é uma garantia ''do pagamento da letra de câmbio'' e deixando em aberto a questão de saber: garante o pagamento da letra por quem? A esta, responde o art. 353: é o pagamento da letra pelo sacador ou endossante avalizado.

3. *Comentário.* – É de notar que o art. 351 não desempenha nenhum papel na reconstituição, a partir da lei, da natureza do aval. Pelo contrário, na teoria do aval-fiança, esta disposição tem um sentido diferente daquele que resultaria dos seus termos, da sua leitura à luz dos outros preceitos da lei relativos ao pagamento (cf. os arts. 367, 369, 401 e 406), e da própria natureza da letra. Com efeito, a lei quando fala em *pagamento da letra* e em garantia desse pagamento refere-se, em regra, ao seu pagamento pontual, pelo sacado, no lugar nela indicado e época do vencimento; – o que se compreende se se tiver em conta que a letra é essencialmente uma ordem de pagamento dada pelo emitente do título a uma determinada pessoa nele indicada para a pagar, o sacado. Os restantes subscritores são meros garantes do cumprimento dessa ordem, isto é, desse pagamento,e, portanto, responsáveis quando ele não ocorre.

Este facto de dar ao art. 351 um sentido que lhe advém de fora, diferente do que os seus termos sugerem, não deixará de estranhar, uma vez que é ele que diz o que é o aval e lhe fixa a sua função, sendo os restantes preceitos uma concretização do seu regime, tal como acontece com a fiança (arts.840ss). E revela que os intérpretes da lei partiram já de uma determinada concepção do aval – reconduzindo-o à fiança – e foi à luz dessa concepção que determinaram o sentido dos seus preceitos. E acabariam mesmo por, a partir deste resultado interpretativo,fundamentar essa concepção... (cf.,*infra*, os caps. II e III).

4. *(Cont.)* – Mas o que importa salientar é que, mesmo na teoria do aval- fiança, obrigação de garantia de uma obrigação principal e, portanto, acessória, a *acessoriedade* tem fronteiras bem demarcadas e um sentido claro: o avalista responde pelo cumprimento da obrigação avalizada se esta existe, e tal como esta existe, *salvo* convenção em contrário (autonomia), *mas não podendo dessa convenção resultar para o garante uma responsabilidade mais gravosa* do que aquela que tem a pessoa garantida. A acessoriedade é a consequência lógica do facto de o garante responder por obrigação alheia. Como tal, funciona como limite aos poderes do garante de conformar o conteúdo da sua garantia, isto é, como limite ao exercício da sua liberdade negocial.

5. *O aceitante é obrigado cambiário independentemente de protesto: justificação. A posição do seu avalista.* – No que se refere ao *aval pelo aceitante,* o Alvará de 6 de Setembro de 1790 dispunha no § 4 que a aceitação da letra de

câmbio se podia reforçar com mais uma ou duas firmas de negociantes, que ficavam obrigados *colectivamente* com os aceitantes ([8]).
O código comercial, porém, só se referia ao aval pelo sacador e pelos endossantes. Apesar disso, não é decerto sem interesse para o nosso caso ver qual a razão porque, no sistema do Código, o portador da letra não protestada só tinha o direito de accionar o aceitante (cf. o art. 420). Escreve SAMPAIO PIMENTEL: " Em falta de protesto .... cessa a responsabilidade das firmas, porque tem por isso *justa razão de ignorar que a letra não foi paga* "([9]); mas isso não vale para o aceitante uma vez que "o *aceitante não pode* allegar *ignorancia de não ter pago,* porque a dívida contrahida com o portador está em aberto "([10]). Quer dizer: como o protesto se destina a comprovar a falta de pagamento pontual da letra por quem é o destinatário da ordem de pagamento que ela contém, é natural, por um lado, que dele dependa o direito de acção do portador face a quem não é destinatário dessa ordem e, por isso, não está, pela própria natureza das coisas, em condições de saber se a letra foi ou não paga; e é igualmente natural, por outro lado, que o mesmo não suceda relativamente ao aceitante, destinatário dessa ordem e obrigado a cumpri-la (mediante apresentação da letra pelo portador para que a pague).
E é manifesto que a falta de pagamento tanto pode ser (indefinidamente...) ignorada do sacador, dos endossantes e dos seus avalistas – sobretudo do primeiro – como do avalista do aceitante.

([8]) Cf. FERREIRA BORGES, *op. cit.,* p. 48.
([9]) *Op. cit.,* p. 99.
([10]) *Op. cit.,* p.101s; cf. os arts. 340 e 365.

CAPÍTULO II

A NATUREZA DO AVAL NO CÓDIGO COMERCIAL DE 1888

6. *O aval como fiança cambiária.* – Também no domínio do Código comercial de 1888 o aval era comummente entendido pela doutrina como uma *fiança especial*, uma fiança cambiária([1]).

Considerava-se, portanto, que o aval era uma garantia do cumprimento da obrigação do avalizado([2]).

7. *Base legal desta tese*. – E, na verdade, confrontando o novo texto da lei com o código anterior, não havia razões para alterar a doutrina que se tinha estabelecido no domínio desse código. Com efeito, o art. 304 reproduzia com ligeiras alterações (de que resultava um reconhecimento expresso da autonomia do aval relativamente à obrigação do avalizado) o art. 351 do código de 1833 ("Independentemente de aceite e endosso o pagamento da letra pode ser no todo ou em parte garantido por aval"), o art. 306 reproduzia no essencial o art. 353 do código de FERREIRA BORGES ("O dador de aval é solidariamente adstrito às mesmas obrigações... que a pessoa afiançada"), e o art. 336 dispunha: «Toda a asssinatura aposta numa letra sujeita o signatário à obrigação que ela implica, sem embargo da nulidade de qualquer outra obrigação ou da falsidade de qualquer outra assinatura. § *único*. Ao dador de aval, porém, *aproveita a nulidade* da obrigação do afiançado, excepto se tal nulidade se fundar na incapacidade pessoal deste». A norma deste § único é

([1]) Cf., por ex., MARNOCO e SOUSA, *op. cit.*, p. 432ss; ADRIANO ANTERO, *Comentario ao Codigo Comercial Portuguez*, I, Porto 1913, p. 569, 641, anots. aos arts. 304 e 336, respectivamente; 71 RLJ, p. 324 ; PINTO COELHO , 4 ROA (1 e 2), p. 194; PAULO CUNHA, *Da garantia nas obrigações,* Apontamentos das aulas de Direito Civil do 5.º ano da FDUL coligidos por E. Pamplona Côrte-Real, Lisboa 1938/39, II, p. 92ss; 89 RT, p. 344.

([2]) Cf. a lit. cit. na nota ant., *ib.*

comum à fiança (cf. os arts. 840 e 845 do C. Com. de 1833, o art. 822 do C. C. de 1867; e também os arts. 627.2 e 632 do C. C. vigente) e constitui nesta uma das principais manifestações da sua acessoriedade relativamente à obrigação afiançada, acessoriedade que é um corolário de a obrigação do fiador ter como objectivo assegurar o cumprimento da própria obrigação garantida. Era, portanto, natural a conclusão de que o regime do aval revelava que o avalista tinha, como o fiador, uma obrigação acessória da obrigação do avalizado e, por consequência, o avalista, como o fiador, garantia o cumprimento da própria obrigação do avalizado, de que, por isso, dependia – apesar do princípio da independência recíproca das obrigações cambiárias estabelecido no corpo do art. 336.

Da conjugação dos artigos 306 e 336 § único resultava, assim, uma base relativamente sólida para a tese do aval-fiança, já imperante no direito anterior.

8. *Comentário*. – O art. 304, cujos termos sugeriam ser o aval uma garantia diferente da fiança([3]), próxima da garantia do sacador (cf. o art. 283), era, tal como no direito anterior, interpretado, não no sentido de que o avalista era garante do pagamento da letra propriamente dito (o pagamento pontual pelo sacado no vencimento, cf. os arts. 282, 283, 314, 338) e portanto responsável pelo eventual não pagamento (como acontecia com o sacador e os endossantes([4]), mas, pelo contexto próximo em que se inseria (arts. 306 e 336 § único), no sentido de que o avalista era garante do pagamento da obrigação do seu avalizado([5]).

A doutrina (dominante), por força da tradição e pela natural tendência para reconduzir novos fenómenos a figuras jurídicas já conhecidas, apoiando-se nos art.s 306 e, sobretudo, 336 § único, continuou a entender o aval como uma garantia do cumprimento da obrigação do avalizado, uma fiança especial, sem se pôr esta questão: uma vez que o art. 304 é que é a disposição que define em que consiste e qual a função do aval, não se deve reconstituir *a partir* de tal preceito a natureza deste instituto? O art. 336 § único representa sem dúvida uma manifestação de acessoriedade do aval relativamente à «obrigação do afiançado» (repare-se que a lei não fala em obrigação afiançada, mas em obrigação do afiançado); mas daí retira-se a consequência *forçosa* de que isso é assim

---

([3]) Cf. PAULO CUNHA, *op. cit.*, p. 92; PINTO COELHO, *Lições de Direito Comercial*, 2.º vol., Fasc. V, *As Letras*, 2.ª parte, Lisboa 1965, p. 10; MARNOCO e SOUSA, *op. cit.*, p. 432.

([4]) Cf. ADRIANO ANTERO, *op. cit.*, p. 636.

([5]) Cf. ADRIANO ANTERO, *op. cit.*, p. 569s; e PAULO CUNHA, *op. cit.*, p. 92s.

porque a obrigação do avalista é, como a do fiador, uma obrigação de garantia do cumprimento da obrigação da pessoa por quem o aval é dado? A acessoriedade que ele revela não pode ter outro fundamento e ser explicada de outro modo? E, no caso de se chegar à conclusão de que esta norma, se bem que compatível, é injustificada face ao art. 304, interpretado de acordo com os seus próprios termos, porque se haveria de sacrificar este último preceito dando-se--lhe um sentido impróprio, derivado de outros?

Na verdade, a alternativa à concepção reinante era perfeitamente viável; o art. 304 podia, com o seu sentido natural, constituir o ponto de partida para se determinar qual a natureza do aval. Este seria uma garantia voluntária (nisto se distinguindo da do sacador, que é legal – cf. o art. 283) do próprio pagamento pontual da letra por quem está nela indicado para efectuar esse pagamento – o sacado, aceitante ou não. A letra é, na verdade, um título contendo essencialmente uma ordem de pagamento assinada pelo sacador e dirigida a um destinatário nele indicado, o sacado, ordem essa que pode ser aceite por este e que se destina a ser, pela ordem natural das coisas, acatada no vencimento, o que se traduz no seu pagamento. É o acatamento voluntário e pontual dessa ordem que o sacador legalmente garante, ficando, por consequência, responsável por uma eventual não produção desse resultado (arts. 283, 335, 338). Quando um avalista apõe na letra a sua assinatura, considerando-a boa para aval pela confiança que lhe merece a assinatura daquele por quem dá o seu aval, garante com isso, nos termos do art. 304, *o pagamento da letra,* e este é, naturalmente, tal como no caso da garantia do sacador, o pagamento que na letra está titulado, isto é, aquele que se traduz no acatamento pontual pelo sacado da ordem de pagamento (cf. o art. 304 em confronto com os arts. 283, 278, 314 e 338). E, garantindo esse pagamento, torna-se, como o sacador, responsável pela soma da letra acrescida de juros e despesas *se* esse pagamento não se der.

Assente este ponto de partida, esclarecida assim a função do aval, o art. 306 teria ainda plena justificação. Com efeito, o aval não é o acto pelo qual se dá vida à letra (saque) nem pelo qual ela circula, cumprindo a sua função sócio-económica típica (endosso), nem de confirmação pelo destinatário da ordem de pagamento nela contida de que está disposto a cumpri-la (aceite). O avalista garante, de acordo com o art. 304, o pagamento pontual da letra e fica responsável pelo não pagamento que ocorra. Mas garante-o *baseado* no crédito que lhe inspira a assinatura do seu avalizado. Daí que ele não possa ficar responsável por mais do que aquilo que o seu avalizado garante ou aceita pagar e que, na falta de convenção em contrário (cf. o que se disse acima nos n.ºs 2 e 4 e o art. 304), garanta o pagamento do valor que corresponde à operação do seu avalizado. E garante-o *face* aos destinatários da operação avalizada, sendo perante eles responsável, em caso de não pagamento – e numa medida, em princípio, correspondente à responsabilidade do seu avalizado. Além disso, se esta sua responsabilidade se vier a efectivar, se pagar a letra não paga, tem direito de recuperar do avalizado e anteriores signatários da letra, se os houver, aquilo que pagou.

Por outro lado, quando se põe a questão de saber de que modo a operação avalizada há-de servir de critério de medida da responsabilidade do avalista, são possíveis duas soluções. A primeira consiste em considerar que o avalista responde na medida do valor que corresponde em concreto à operação do seu avalizado. Isto é, se o avalizado, por vício do seu acto cambiário (ou outra causa), não é responsável pelo valor da letra, a medida da garantia do avalista será nula. É a solução do código (art. 336 § único). A segunda consiste em considerar que o avalista responde na medida do valor que *em abstracto* corresponde ao tipo de operação do seu avalizado, independentemente de este ser ou não, em concreto, responsável pelo pagamento da letra não paga pontualmente pelo sacado. Esta viria a ser a solução da Lei Uniforme (art. 32 II) como se verá, *porque se reconheceu, justamente, que a solução* do código, se bem que concebível, *se não justificava*.

De qualquer forma, é *compreensível*, em face do art. 336 § único e do art. 306 interpretado em conjunção com ele, a assimilação do aval à fiança, operada pela doutrina.

9. *A acessoriedade do aval: fundamento, sentido e limites.* — Partindo, todavia, da tese do *aval-fiança*, isto é de que o avalista tem uma obrigação de garantia do pagamento da letra por parte do seu avalizado e, por isso, *acessória* desta, em que consiste essa acessoriedade?

Sendo o aval uma fiança, os arts. 304 e 306 do C. Com. tinham o seguinte significado: o avalista garante o pagamento da letra (art. 304) pelo avalizado, isto é, responde pelo cumprimento das próprias obrigações deste, e fá-lo solidariamente com ele (art. 306). É daqui que decorre a sua acessoriedade relativamente à obrigação do avalizado, de que o art. 306 § único constitui a manifestação mais característica e por isso expressamente prevista no código, tanto mais que poderia haver dúvidas sobre se o princípio da independência recíproca das obrigações cambiárias se deveria estender ou não ao aval (cf. o art. 336). Mas, admitindo que do art. 306 já resultava que o avalista era garante do cumprimento da própria obrigação avalizada, o art. 336 § único era, em rigor, escusado, como o demonstra, aliás, o facto de não existir uma disposição correspondente no código de 1833. Com efeito, de acordo com aquele art. 306 (conjugado com o art. 304), o aval seria uma fiança, aplicando-se-lhe as regras próprias desta, entre as quais se encontra justamente uma norma correspondente àquele § único do art. 336 (cf. os arts. 822 C. C. de 1867 e 632 C. C. vigente).

Note-se, por outro lado, que o art. 306 não consagrava directamente o princípio da acessoriedade do aval. Ele estabelecia que o avalista tinha uma obrigação de garantia da obrigação do avalizado. E a acessoriedade é uma simples consequência desta caracterização do aval como acto gerador de obrigação cuja função é garantir o próprio cumprimento da obrigação daquele por quem é dado, isto é da sua caracterização como fiança.

Daqui que, para *além* da norma do art. 336 § único, fizessem parte do regime do aval as demais *manifestações* da acessoriedade decorrente desta sua natureza compatíveis com o regime das letras. Quais são elas?

Como já se viu no capítulo anterior (n.º 2 e 4), a obrigação de garantia não pode exceder a obrigação principal nem ser contraída em condições mais onerosas, embora o avalista possa fazer uso da sua liberdade assumindo uma garantia limitada (cf. os arts. 353 e 843 do C. Com. de 1833 e o art. 304 do actual; cf. também o art. 823 do C. C. de 1867 e o art. 631 do C. C. vigente). O avalista, como o fiador, garantem a obrigação principal fazendo uso da sua autonomia, da sua liberdade negocial. Por isso, eles podem, em princípio, definir o conteúdo da sua garantia como bem entenderem. Mas essa autonomia tem um limite que é aquele que decorre da natureza do aval: se o avalista garante o cumprimento da obrigação do avalizado, como se compreenderia que a sua responsabilidade excedesse a deste?

Outra importante manifestação da acessoriedade constitui-a a regra de que o avalista-fiador pode opôr ao portador-credor os meios de defesa daquele cuja obrigação garante que não sejam incompatíveis com a sua obrigação (cf. o art. 845 do C. Com. de 1833, o art. 854 do C. C. de 1867 e o art. 637 do C. C. vigente).

Pode ainda referir-se que, destinando-se a obrigação do avalista (tal como a do fiador ordinário) a garantir o cumprimento da obrigação «afiançada», é *natural* que se considere ter ela, salvo cláusula em contrário, o mesmo conteúdo desta. No direito vigente, esta doutrina está expressamente consagrada para a fiança (cf. o art. 634 C. C.; no C. Com., cf. o art. 335 § único). É de notar, no entanto, que, neste caso, só estamos no âmbito da acessoriedade utilizando esta palavra num sentido amplo (cf. *infra*).

Em *síntese*. A *acessoriedade* (a que acabamos de nos referir) é uma consequência da natureza do aval-fiança, isto é, do facto de este ter como função garantir o cumprimento da obrigação do avalizado.

Ela manifesta-se, assim, essencialmente, na regra de que a obrigação do avalista existe se e só enquanto a obrigação que garante existir, na regra de que este não pode assumir uma maior responsabilidade que o avalizado, na regra da oponibilidade das excepções do avalizado pelo avalista, na regra, meramente supletiva, de que o aval tem o conteúdo da obrigação principal, e ainda na regra de que o avalista responde perante os credores (cambiários) do avalizado.

Mas é bom recordar que o aval é um acto jurídico que constitui um exercício da liberdade negocial do avalista. Como tal, a obrigação dele resultante tem as suas próprias condições de validade e eficácia, a que vêm *acrescer* as decorrentes da sua acessoriedade com a obrigação garantida, e o seu conteúdo, se não pode exceder o desta e, em princípio, é o mesmo, pode também ser mais limitado.

CAPÍTULO III

A NATUREZA DO AVAL NA LEI UNIFORME

A – *A DOUTRINA DO AVAL-FIANÇA*

10. *A L.U. diferencia-se do C. Com.* — A tese do aval-fiança, que a doutrina dominante considerava consagrada pelo código de VEIGA BEIRÃO, era já criticada *de jure condendo* por MARNOCO e SOUSA([1]) e era natural que, uma vez desaparecido o seu principal suporte legal, ela fosse abandonada, como de facto viria (pelo menos formalmente) a sê-lo (cf. *infra,* B).

Há, efectivamente, marcadas diferenças entre o código comercial e o texto da L.U. que condicionam a natureza do aval. Assim, enquanto do art. 306 C. Com. interpretado à luz do art. 336 § único resultava que o avalista era solidário com o seu *afiançado* no cumprimento das obrigações deste (e cf. os arts. 335 e 338), o art. 32 I L.U. dispõe que «O dador de aval é responsável [não pelo cumprimento da obrigação do avalizado, solidariamente com este, mas] da *mesma maneira* que a pessoa por ele afiançada» (cf., a propósito, os arts. 43 e 47); – e o art. 32 II consagra doutrina oposta ao art. 336 § único C. Com., dispondo que a obrigação do avalista se mantém «mesmo no caso de a obrigação que ele garantiu ser nula por qualquer razão...».

11. *Subsistência de alguma doutrina partidária da tese do aval-fiança.* — Um importante sector da doutrina e da jurisprudência continuou, no entanto, a defender a tese tradicional, no domínio da L.U. Foi o caso, nomeadamente, dos Professores PINTO COELHO([2]) e FERNANDO OLAVO([3]).

([1]) *Op. cit.,* p. 424 ss, 448 s.
([2]) *Lições cit.,* p. 6 ss; 4 ROA (1 e 2), p. 194 ss.
([3]) *Direito Comercial,* Apontamentos das Lições de 1959/60, p. 402 ss.

Segundo aquele primeiro autor, como resultaria do art. 30 I, o aval «representa... uma garantia da obrigação cambiária; destina-se a assegurar ou caucionar o seu pagamento»(⁴). A sua função é, assim, a de «garantir ou caucionar a obrigação de certo obrigado cambiário, que expressa ou tacitamente (cf. 31 IV) se indica»(⁵). Trata-se de uma garantia diversa da do sacador e dos endossantes porque, diferentemente do que acontece no caso destes, o seu fim é caucionar a obrigação de outro signatário e constitui o conteúdo próprio, o objecto imediato e directo do acto cambiário(⁶).

Como consequência desta função do aval, a obrigação do avalista é, tal como no código comercial, uma obrigação *acessória* de outra obrigação cambiária (a do avalizado). É o que resulta do art. 32 I: «...responsável da mesma maneira...»(⁷) Trata-se de uma garantia pessoal. Tal como a qualificara o código comercial, é essencialmente uma fiança, como resulta com nitidez do art. 31 IV, do art. 32 I(⁸) e também do art. 32 III(9) e 32 II/2.ª parte, que constitui uma excepção ao princípio da independência recíproca das obrigações cambiárias (art. 7 e 32 II/ 1.ª parte (¹⁰)).

É certo que se invoca contra esta doutrina o art. 32 II/ 1.ª parte, mas este argumento não é decisivo «pois sabido é que na própria fiança civil há casos em que a fiança subsiste apesar de ser nula a obrigação principal»(¹¹). No aval, apenas se leva mais longe, para tutela do portador do título, a preocupação de tornar *eficiente* a garantia: «o avalista *garante*..., não apenas a capacidade, mas de um modo geral a *validade* intrínseca ou regularidade substancial da obrigação do avalizado; apenas cessa a sua responsabilidade no caso único de a nulidade proceder de vícios de forma. Mas nesta excepção ou restrição única já se denuncia o carácter subsidiário da obrigação do avalista»(¹²). Estamos, pois, perante uma *particularidade* do regime da fiança que apenas traduz o *rigor* próprio da regulamentação da obrigação cambiária»(¹³) O princípio do art. 7, especificado para o aval no art. 32 II/1.ª parte, é um mero expediente do direito cambiário destinado a garantir a *segurança da circulação* do título, isto é, é ditado por conveniência de ordem prática. É um *artifício* que não altera a natureza das obrigações. Não tem como consequência que o avalista deixe de ter uma obrigação subsidiária (entenda-se acessória) da do avalizado, que é

(⁴) *Lições cit.,* p. 6.
(⁵) *Lições cit.,* p. 7; 4 ROA (1 e 2), p. 195.
(⁶) *Lições cit.,* p. 7 s.
(⁷) *Lições cit.,* p. 6 s, 8, e 4 ROA (1 e 2) p. 195.
(⁸) *Lições cit.,* p. 8, 10 ss.
(⁹) *Lições cit.,* p. 12 ss.
(¹⁰) *Cf. Lições cit.,* p. 11s, 38 s.
(¹¹) *Lições cit.,* p. 11; cf. 4 ROA (1 e 2), p. 196 s; cf. o art. 822 do C.C. de 1867, onde se considerava válida a fiança apesar de a obrigação garantida vir a ser anulada por incapacidade do devedor principal.
(¹²) *Lições cit.,* p. 11 s.
(¹³) *Lições cit.,* p. 12.

principal. O princípio da independência salva da lógica nulidade uma obrigação; mas não altera a essência ou natureza desta, devendo ela ser tratada (em tudo o que não respeitar ao domínio desse princípio) como convém à sua natureza([14]).

«E, assim, considerando o aval como garantia *subjectiva* (originando uma obrigação subsidiária da do avalizado) e identificado à fiança, a independência da obrigação do avalista não obsta a que ao aval se apliquem os *princípios fundamentais reguladores da fiança*, que as disposições próprias da lei cambiária não afastem de modo explícito»([15]). Está neste caso, nomeadamente, a possibilidade de o avalista (obrigado de garantia) poder opôr as excepções que competem ao avalizado (obrigado principal)([16]).

Em *conclusão,* para esta tese o aval é (essencialmente) uma fiança, tendo como fim caucionar a obrigação do avalizado, embora a sua natureza jurídica não se esgote nisso: como a obrigação garantida é cambiária, a integração do aval no processo cambiário (a sua natureza de acto cambiário) confere-lhe características e efeitos próprios, que se revelam quando o avalista paga a letra ([17]).

B – A DOUTRINA DO AVAL-GARANTIA HÍBRIDA

12. *Abandono da tese do aval-fiança.* – A doutrina e a jurisprudência hoje dominantes abandonaram, no entanto, como se disse, a tese do aval-fiança, embora as diferenças entre o estado actual do direito, tal como o revelam essas doutrina e jurisprudência, e aquele que existia no domínio do código comercial sejam mais parentes que reais. De qualquer forma, defendem que o aval não é uma verdadeira fiança, sobretudo porque o art. 32 II/1.ª parte a isso se opõe, nomeadamente: os Professores PAULO CUNHA([18]) e FERRER CORREIA([19]); SÁ CARNEIRO([20]); CARLOS PEREIRA([21]); e, na jurisprudência mais recente, STJ, 230 BMJ, p. 101, 279 BMJ, p. 216 s (citando 185 BMJ, p.287), 353 BMJ, p. 484s([22]).

([14]) *Lições cit.,* p. 16 s; 4 ROA (1 e 2), p. 197 s.
([15]) *Lições cit.,* p. 17 s, citando MARNOCO e SOUSA.
([16]) *Lições cit.,* p. 18.
([17]) Cf. PINTO COELHO, *Lições cit.,* p. 20 s.
([18]) *Op. cit.,* p. 90 ss.
([19]) *Lições de direito comercial,* III (Letra de câmbio), Coimbra 1966, p. 198s (p. 208s, na ed. de 1975).
([20]) 89 RT, p. 344, mudando de opinião.
([21]) 4 ROA (1 e 2), p. 174.
([22]) Cf. ainda, a propósito, a 89 RT, p. 344 nota (26), a 71 RLJ, p. 325ss, GALVÃO TELLES, *Direito Privado II, Garantia bancária autónoma,* Sumários, FDUL 1982/83,

De acordo com a quase totalidade desta doutrina, o aval é uma garantia pessoal especial, distinta da fiança, *materialmente autónoma* (art. 32 II/1.ª parte) e *formalmente dependente* (art. 32 II/ 2.ª parte) da obrigação avalizada. Não é rigorosamente uma fiança porque a acessoriedade não esgota a sua natureza jurídica.Mas também não é uma verdadeira garantia autónoma ou só o é numa medida (muito) limitada([23]).

13. *O aval diferencia-se da fiança* – O aval é, em primeiro lugar, uma garantia pessoal, como a fiança o é, mas distinta desta. Com efeito, como observa FERRER CORREIA([24]), a teoria da fiança não explica porque é que a nulidade intrínseca da obrigação avalizada não se comunica à do avalista (art. 32 II/1.ª parte), nem o direito de regresso do avalista contra os signatários da letra anteriores ao avalizado na cadeia cambiária (art. 32 III). O aval é uma garantia pessoal, como a fiança; acessória, como decorre do art. 32 I e como sucede na fiança; mas a acessoriedade não esgota a sua natureza jurídica([25]). Na verdade, como resulta do art. 32 II, a obrigação do avalista não é senão *imperfeitamente acessória* relativamente à do avalizado: é uma «obrigação *materialmente autónoma*», embora dependente da do avalizado quanto ao aspecto formal([26]). Também a jurisprudência recente do *Supremo Tribunal de Justiça* vai neste sentido. É exemplo disso o acórdão de 23.1.1986 (353 BMJ, p. 482 (484s)), que cita e segue, no essencial, FERRER CORREIA, tal como acontecera no acórdão de 25.7.1978 (279 BMJ, p. 214ss (citando aliás um acórdão anterior – cf. 185 BMJ, p. 287)).

Mas há uma real diferença de natureza entre a fiança e o aval, que justifique, portanto, um tratamento jurídico diferenciado, para além das diferenças de regime que a L. U. expressamente consagra?

---

p. 7s, 27s(o texto correspondente a estes Sumários também pode ver-se em «O Direito», 1988 (III-IV), p. 275 ss), e VAZ SERRA, 103 RLJ, p. 424ss (é uma garantia autónoma, quer se adopte a tese da fiança quer a da garantia objectiva).

([23]) Cf., por exemplo, FERRER CORREIA, *op. cit.*, p. 198s; e STJ, 353 BMJ, p. 482, 484s.
([24]) *Op. cit.*, p. 198s.
([25]) *Op. cit.*, p. 197 e 199.
([26]) *Op. cit.*, p. 204.

Quanto a esta questão, é, em primeiro lugar, de salientar que o art. 32 III ainda se poderia porventura explicar pela natureza *cambiária* do aval-fiança, o mesmo acontecendo com o facto de o avalista ser solidariamente responsável com os demais subscritos cambiários – e não apenas com o seu avalizado – perante o portador (art. 47; com efeito, sendo solidariamente responsável com os demais subscritores, o avalista sempre responderia em primeira linha perante o portador). Mas que pensar do art. 32 II/1.ª parte? É ele compatível com a teoria do aval--fiança? E, se o não é, deve concluir-se que o aval é uma garantia de tipo diferente da fiança ou uma garantia do mesmo tipo, embora parcialmente distinta (devido à sua autonomia material)?

14. *O aval como figura híbrida de garantia materialmente autónoma (mas autonomia circunscrita e excepcional) e formalmente acessória da obrigação do avalizado. Confronto com a tese do aval-fiança (cambiária): substancial identidade.* – Como se viu atrás (n.º 11), os partidários da tese do aval-fiança, no domínio da L. U., não consideram que o art. 32 II/1.ª parte seja um obstáculo à sua tese. Ele seria apenas uma manifestação do princípio cambiário da independência recíproca (art. 7), princípio este de interesse e ordem prática destinado a tutelar o portador e a segurança da circulação cambiária, mas não implicaria uma mudança da natureza do aval relativamente ao direito anterior. A sua 2.ª parte confirmaria, até, o aval como sendo essencialmente uma fiança pela sua acessoriedade formal relativamente à obrigação avalizada. O art. 32 II/1.ª parte, imposto por razões práticas, seria, assim, uma simples consequência da natureza cambiária da garantia, contendo uma norma de carácter excepcional. E, tendo este carácter, não seria determinante para a questão da natureza do aval. E o confronto desta disposição com a sua correspondente no instituto da fiança ordinária comprovaria, aliás, o acerto desta visão das coisas. Com efeito, do art. 822 do C. C. de 1867 resultava já poder a fiança subsistir apesar de ser «nula» a obrigação principal. Era o caso de essa «nulidade» resultar de incapacidade do afiançado. A L. U. ter-se-á limitado, portanto, a levar mais longe a preocupação de eficiência da garantia. GUILHERME MOREIRA tinha explicado aquela disposição do direito civil dizendo que, para melhor garantia do credor, o fiador assegurava e se responsabilizava pela própria capacidade pessoal do devedor afiançado. No regime actual do aval, o avalista garantiria, não apenas a capacidade, mas – ainda na mesma ordem de ideias –, de um modo geral, a validade intrínseca ou substan-

cial da obrigação do avalizado. Entre o código civil e a L. U. haveria apenas uma diferença de quantidade([27]).

Note-se, aliás, que o mesmo argumento poderia ter por base o próprio art. 336 § único do C. Com., que dispunha: «Ao dador de aval... aproveita a nulidade da obrigação do afiançado, excepto se tal nulidade se fundar na incapacidade deste». E o art. 632 do C. C. vigente, depois de estabelecer no n.º 1 que «A fiança não é válida se o não for a obrigação principal», estabelece no n.º 2 que «sendo, porém, anulada a obrigação principal, por *incapacidade* ou por *falta* ou *vício* da vontade do devedor, nem, por isso a fiança deixa de ser válida, *se o fiador conhecia* a causa da anulabilidade ao tempo em que a fiança foi prestada» – aumentando, portanto, as possíveis causas de anulabilidade não prejudiciais da fiança. E mais: já no domínio do código comercial de 1833, embora o art. 840 dispusesse que «A fiança só (podia) existir sobre dívida válida», ao interpretar-se o art. 845 – que dispunha: «O fiador pode opor contra o credor todas as excepções, que competem ao devedor principal, e que são inerentes à dívida; mas não opor as excepções, que são puramente pessoais do devedor» –, considerava-se que da incapacidade derivava uma excepção meramente pessoal do devedor não invocável pelo fiador. Quer isto dizer que, entre o anterior direito e o regime actual da fiança, por um lado, e o regime da L. U., por outro, há uma simples diferença quantitativa, que não põe em causa a essencial identidade da fiança e do aval?

No seguimento de GUILHERME MOREIA, PIRES DE LIMA e ANTUNES VARELA explicam o regime da lei civil vigente dizendo que «O fiador como que garante (no caso do n.º 2 do art. 632) também a validade do acto, ou, por outras palavras, como que garante que a anulabilidade não será invocada»([28]).

Comentando o § único do art. 336 do C. Com., justificava ADRIANO ANTERO a excepção nele contida dizendo que o fiador, nesta sua qualidade, «devia *conhecer bem* a pessoa que afiançou, para não prejudicar o credor; e, portanto, *soffre o castigo* da sua má fé ou da sua leviandade»([29]).

Diferente era a justificação dada por SAMPAIO PIMENTEL em comentário ao art. 845 do C. Com. de 1833([30]). Uma vez que o fiador garante o cumprimento da própria obrigação alheia e não o seu devedor (principal), o que importava era distinguir entre aquele tipo de vícios relativos ao estado e qualidade do devedor como a incapacidade, geradores de excepções meramente pessoais, e os relativos à obrigação em si. O fiador, «garante do crédito sem representar a pessoa do devedor», só poderia opor as excepções resultantes deste segundo tipo de vícios. Aliás, no caso da incapacidade, a dívida teria nascido válida, «e esta contingência (entrara) na fiança».

([27]) Cf. PINTO COELHO, *Lições cit.*, p.11, e FERNANDO OLAVO, *Dir. Com. cit.*, p. 430s.

([28]) *Cód. Civ. Anot., I*, anot. ao art. 632.

([29]) *Op. cit.*, p. 641.

([30]) *Op. cit.*, p. 372s.

Finalmente, uma outra explicação é dada para o regime da lei civil vigente pelo Prof. GALVÃO TELLES([31]). Segundo ele, a acessoriedade – que se traduz, nomeadamente, em que a invalidade da obrigação principal implica a da obrigação de garantia (p. 10)– é da essência da fiança, como resulta do art. 627. 2 C. C. Faltando a acessoriedade, cai-se numa garantia de tipo diferente (como o aval ou a garantia bancária autónoma – cf. p. 7s e 11). O art. 632.2 constitui um caso de *conversão* legal da fiança em fiança de conteúdo diverso. Escreve este autor: «Excepcionalmente, a invalidade do acto constitutivo da obrigação não arrasta, em definitivo, a invalidade da fiança: assim acontece se aquele acto for anulado por incapacidade ou por falta ou vício da vontade do afiançado e o fiador conhecia a causa da anulabilidade ao tempo em que a fiança foi prestada (CC art. 632, n.º 2, cf. art. 637, n.º 1, in fine). Mas, nesses casos, o que se dá na realidade é a conversão da fiança numa fiança de conteúdo diverso: o fiador deixa de garantir a obrigação decorrente da anulação por força do disposto no art. 289 do Código Civil» (p. 11s).

Seja qual for a explicação para o direito anterior à L. U. e para o actual regime da fiança, o que importa em especial realçar é a grande diferença que existe entre, por um lado, a anulabilidade de um acto fundada em incapacidade ou erro de quem o pratica (ou nele participa) – vícios ligados à pessoa de quem contrai por ele uma qualquer obrigação e que é quem tem legitimidade para os arguir, podendo não o fazer, porque está em causa o seu interesse pessoal –, sobretudo se, como acontece na actual lei civil, ela só não puder ser invocada pelo fiador que tinha conhecimento da sua causa ao tempo em que deu a sua fiança, e, por outro, a sua nulidade (absoluta). Mas num ponto os autores da doutrina do aval-fiança terão porventura razão. *Se* a norma do art. 32 II/1.ª parte tem carácter excepcional – limitando-se por isso a certos casos de invalidade da obrigação avalizada e deixando em tudo o mais imperar a acessoriedade do aval relativamente a essa obrigação e aplicando-se o regime da fiança que não for incompatível com a natureza cambiária do aval e o regime da L. U. –, como pode ela ser determinante para resolver a questão da natureza jurídica deste instituto? Se a qualificação do aval como fiança ou como garantia distinta ("materialmente autónoma") é sem consequências práticas e jurídicas – porque, para além daquilo em que a L. U. expressamente o diferencia da fiança ordinária (e que todos reconhecem), ele continua a ser considerado como uma obrigação de garantia da obrigação do avalizado e, portanto, de um ponto de vista lógico, necessariamente dependente desta, aplicando-se-lhe o regime da

---

([31]) *Direito Privado II, cit,* p. 11s.

acessoriedade da fiança e sendo a norma do art. 32 II/1.ª parte excepcional e por isso restritivamente interpretada –, qual é o interesse da questão? Que diferença há entre aqueles que defendem a tese do aval-fiança e os que lhe negam essa natureza (quase) só porque a lei o desprende num caso da obrigação garantida – mas contra aquilo que decorreria naturalmente do facto de estarmos perante uma garantia que visa precisamente assegurar o cumprimento dessa obrigação garantida – preferindo considerá-lo uma figura híbrida de garantia pessoal materialmente autónoma (mas com uma autonomia material muito circunscrita e de carácter excepcional) e formalmente acessória? A questão é esta: pelo facto de ser autónoma nos termos do art. 32 II/1.ª parte, esta garantia assume um significado diferente daquele que tem a fiança? Deixa de ser uma obrigação de garantia de outra para passar a ser uma garantia de um tipo (e não só de uma espécie) diferente, sujeita a um regime distinto do da fiança mesmo para além do que a L. U. expressamente estipula?

A resposta que decorre da análise da doutrina e da jurisprudência nacionais é negativa. Aqueles que defendem que o aval é uma garantia distinta da fiança e aqueles que defendem a tese da sua equiparação a esta atribuem-lhe, em geral e em última análise, a mesma função, definem-no do mesmo modo e aplicam-lhe o mesmo regime. É certo que a jurisprudência baseia, por vezes, numa (alegada) diferença de natureza do aval relativamente à fiança certas consequências práticas (cf., por exemplo, os acs. do STJ de 30.10.79, 290 BMJ, p. 434ss (436), de 25.7.78, 279 BMJ, p. 214 ss (217), e de 23.1.86, 353 BMJ, p. 482ss (484ss)). Mas às mesmas conclusões se chegaria, em regra, considerando que o aval, embora sendo uma fiança, é uma fiança cambiária. (Cf., no entanto, o ac. do STJ de 26.10.1973, 230 BMJ, p. 101.)

> Consideram expressamente aplicável ao aval o regime da fiança apesar de reconhecerem que se trata de figuras distintas, nomeadamente, o ac. do *STJ* de 3.6.1969, 103 RLJ, p. 404ss (409) e SÁ CARNEIRO[32]. *A Revista de Leg. e Jur.* – que parece considerar que o avalista não responde pelo cumprimento da obrigação do avalizado mas assume uma obrigação própria igual ou equiparada à do avalizado (cf. 71 RLJ, p. 331), sem tomar no entanto directamente posição sobre a natureza do aval – afirma textualmente: «convém notar que a obrigação do avalista não está desligada de todo o vínculo de acessoriedade relativamente à do avalizado. Se é inegável a sua autonomia substancial em face desta última obrigação, contudo mantém-se ainda hoje a sua acessoriedade formal (art. 32.º, al. 2.ª, argumentando *a contrario*). Isto, juntamente com o preceituado nas als.

---

[32] 89 RT, p. 345.

1.ª e 3.ª do mesmo artigo 32.°, tenderá a provar-nos que a *ideia de fiança não é estranha* à disciplina do aval: nem o caso, aliás, poderá surpreender-nos, pois, seguramente, este negócio cambiário evidencia e serve intuitos que assumem caracteres fidejussórios».([33]) FERRER CORREIA, tantas vezes citado nas decisões dos tribunais, define o aval como «o acto pelo qual um terceiro ou um signatário da letra *garante o pagamento dela por parte de um dos seus subscritores*», tendo, portanto, como função «garantir ou caucionar a obrigação de certo subscritor cambiário». «É uma obrigação de garantia da obrigação do avalizado», diferente da dos demais subscritores, vindo «inserir-se ao lado da obrigação de um determinado subscritor, cobrindo-a, caucionando-a»([34]). Por consequência, sendo certo que a teoria da fiança não consegue explicar o art. 32 II/1.ª parte e III, não é menos verdade que, para lá da autonomia fixada na L. U., o aval é uma obrigação acessória da do avalizado (cf. *supra* e o art. 32 I). A acessoriedade é, como facilmente se vê, uma consequência da noção que o autor dá do aval e da função que lhe reconhece. E, em face destas noção e função, a acessoriedade será a regra e a autonomia a excepção (cf., para a fiança, o art. 627 C. C.). É também fácil de ver que esta noção de aval (e a respectiva função) coincide com a de PINTO COELHO (cf. *supra*, n.° 11) e não se distingue essencialmente da noção de fiança dada pelo C. Com. de 1833 (art. 840) e pelo código civil (art. 627). E desta ideia de que é mais a acessoriedade que traduz a verdadeira natureza do aval e não tanto a sua autonomia decorrem importantes consequências, como a da possibilidade de o avalista se valer de excepções relativas à obrigação garantida([35]), a de se restringir o art. 32 II/1.ª parte apenas aos casos de invalidade da fonte da obrigação do avalizado deixando sem sentido útil a palavra «mesmo» nele utilizada, ficando de fora, sob o império da acessoriedade, os casos de prescrição ou de outras causas de extinção da obrigação do avalizado, etc.

Em suma. A tese do aval-garantia distinta da fiança mas ainda garantia de uma obrigação – e não garantia autónoma verdadeira e própria, cf. *infra,* C –, que a generalidade da nossa doutrina e jurisprudência hoje defende, não se distingue substancialmente da do aval- -fiança. Em nenhum dos casos os arts. 30 I e 32 II são devidamente interpretados e deles retiradas as suas consequências lógicas, persistindo, por trás do vocabulário, essencialmente a concepção tradicional do aval. Aquele art. 32 II, em especial, é naturalmente *admitido,* porque a lei o impõe, e serve até de base à constestação da teoria do aval-fiança. Mas, porque continua a ser defendido pelos partidários desta tese alternativa

---

([33]) 71 RLJ, p. 332.
([34]) Cf. *op. cit.,* p. 196s.
([35])Cf., nomeadamente, os acs. do STJ de 23.1.1986, 353 BMJ, p. 482 ss(485s), de 3.6.1969, 103 RLJ, p. 404ss (anot. VAZ SERRA), e de 6.11.1979, 113 RLJ, p. 174ss (anot. VAZ SERRA).

à do aval-fiança que o aval é uma garantia da obrigação do avalizado, ele é uma disposição para a qual é difícil de encontrar uma *explicação* aceitável. E note-se que a explicação formal de que se trataria até de uma manifestação de um princípio cambiário geral (o do art. 7) não convence porque o aceitante obriga-se exclusivamente pelo seu acto cambiário de aceite a cumprir a ordem de pagamento que na letra está titulada contra si (art. 28) e o sacador e endossantes praticam actos jurídicos relativos à criação e circulação do título também distintos uns dos outros, garantindo pessoalmente, nos termos da lei (arts. 9 e 15), o cumprimento daquela ordem e sendo por consequência responsáveis pelo seu incumprimento. Daí que as suas responsabilidades sejam independentes. Mas o mesmo não acontece com os avalistas na concepção dominante: eles não são garantes do pagamento da letra no sentido em que o são o sacador e os endossantes, nem são aceitantes porque não são destinatários da ordem de pagamento titulada na letra. Eles garantem ao portador a *obrigação* de um já signatário da letra – o avalizado. Se ela não existe, qual é então o objecto da sua garantia? Por outro lado, admitindo que seria explicação satisfatória a de que o avalista garante a própria validade da obrigação do avalizado, não podendo, por consequência, opor ao portador as excepções decorrentes de erro, coacção, etc., do seu avalizado, porque pode ele, como o defendem a nossa doutrina e jurisprudência dominantes, opor excepções menos graves, de extinção da obrigação do avalizado ou de outra natureza (cf. a lei, que diz: «mesmo no caso... de a obrigação ser nula...»)? Se o aval tem verdadeiramente natureza autónoma, o art. 32 II não é uma norma de carácter excepcional, porque não se reconhece o campo de autonomia que os seus termos sugerem? E porque haveria o avalista de garantir a validade daquela obrigação? Qual o fundamento de uma garantia assim concebida? Ao defender-se uma tal explicação para o fenómeno, não se estará precisamente a dizer que o avalista garante ao portador directamente o resultado do pagamento da letra, sendo responsável pela sua não verificação, e não o pagamento pelo seu avalizado (cf. *infra,* C)?

C –*A TESE DO AVAL VERDADEIRA GARANTIA AUTÓNOMA, ISTO É, NÃO GARANTIA DE UMA OBRIGAÇÃO*

15. *Acessoriedade da fiança. Síntese do exposto acerca da natureza do aval.* –A *fiança* «é a garantia especial pela qual uma pessoa assegura

o cumprimento de uma obrigação de que não é realmente o sujeito passivo»(³⁶), isto é, «a garantia... pela qual alguém – fiador – se obriga a cumprir uma obrigação alheia...»(³⁷). O fiador "acha-se pessoalmente obrigado perante o credor (C. C. art. 627, n.º 1), consistindo todavia essa sua obrigação em cumprir a do afiançado (cf. art. 634)"(³⁸).

Se a função da fiança é garantir o cumprimento da própria obrigação do afiançado, ela não é logicamente concebível sem esta porque seria uma garantia sem objecto. É daqui que decorre a sua acessoriedade ou dependência relativamente à obrigação principal (art. 627.2 C. C.). E – utilizando, como já se salientou, a palavra num sentido amplo – existe uma zona de acessoriedade que podemos considerar natural e outra necessária. Assim, *na falta de convenção* em contrário, o fiador – que pratique um acto em si válido e eficaz – obriga-se por quanto o devedor se obriga e nos demais termos em que este se obriga (cf. C. C., art. 634 e 631. 1/2.ª parte). Quer dizer, a identidade de conteúdo das duas obrigações – a de garantia e a principal – é um elemento natural da fiança. É uma consequência natural mas não necessária da natureza e função desta. Mas da natureza da fiança decorre ainda uma certa medida de acessoriedade necessária, isto é, que não pode ser afastada sem pôr em causa a própria essência do instituto. Sem ela, cai-se num instituto diferente(³⁹). Assim, quem garante o cumprimento da obrigação de outrem só pode, validamente, obrigar-se a isso se essa obrigação existir e for válida, enquanto existir e dentro dos seus limites (C. C., arts. 632, 651, 631; e cf. ainda os arts. 637 e 642). A acessoriedade traduz-se, em síntese e no essencial, em que «a existência e conteúdo da obrigação principal condicionam a obrigação do fiador, que tem por fim assegurá--la»(⁴⁰), e é uma consequência do facto de a garantia que tem essa qualidade ter por fim assegurar o cumprimento da obrigação garantida, de ser uma garantia dessa obrigação. Viu-se atrás que o aval era visto no nosso anterior direito como uma fiança, isto é, como uma obrigação de

---

(³⁶) Cf. PAULO CUNHA, op. cit., p. 36
(³⁷) GALVÃO TELLES, Dir. Privado cit., p. 9, 23; C.C., art. 627.1, C. Com. de 1833, art. 840.
(³⁸)GALVÃO TELLES, cit., p. 9s; cf. também o art. 840 C. Com. de 1833 e VAZ SERRA, Fiança e figuras análogas, 71 BMJ, p. 21, 28s.
(³⁹) GALVÃO TELLES, Op. cit., p. 10s.
(⁴⁰) Cf. VAZ SERRA, 71 BMJ, p. 21.

garantia da do avalizado e, portanto, acessória relativamente a esta, como o revelava o § único do art. 336 C. Com. de 1888. Viu-se também que parte da doutrina continuou a sustentar a mesma posição face à L. U., apesar de esta afastar precisamente e de forma expressa, no art. 32 II/1.ª parte, a acessoriedade do aval relativamente à obrigação do avalizado na sua manifestação mais importante e significativa. E viu-se finalmente que a doutrina e a jurisprudência hoje dominantes adoptam uma posição ambígua porque, por um lado, reconhecem que a disposição do art. 32 II/1.ª parte não pode ser sem significado, sendo a autonomia uma característica essencial, no sistema da L. U., deste instituto, mas, por outro lado, continuam, em geral, a defini-lo como uma obrigação de garantia da obrigação (principal) de outrem e, portanto, acessória, isto é, dependente desta, aplicando-lhe o regime que esta acessoriedade postula (mas não só esse, como se verá) compatível com o direito cambiário. A autonomia é, assim, uma espécie de ilha circundada, sem repercussão na função, noção e, portanto, real natureza e regime do aval, que continua a ser visto como obrigação de garantia de outra e tem, por isso, como característica dominante a acessoriedade. Esta doutrina não superou a antinomia acessoriedade-autonomia porque não reviu a noção de aval que vinha do direito anterior, isto é, não retirou as consequências lógicas de a L. U. ter afastado expressamente a manifestação mais importante de acessoriedade que é consequência *necessária* dessa noção.

Houve, no entanto, um autor que o fez. Foi o Prof. PAULO CUNHA, cujo pensamento se expõe de seguida.

16. *A posição do Prof. PAULO CUNHA.* — Resulta da noção corrente da fiança que o fiador garante (pessoalmente) a obrigação (pessoal) do devedor pelo que, como salienta PAULO CUNHA, a obrigação daquele depende necessariamente desta, isto é, é acessória. Manifestações principais desta acessoriedade constituem-nas as regras de que a validade da fiança depende da da obrigação principal, o fiador pode opôr ao credor as excepções relativas à obrigação garantida, a extinção desta acarreta a daquele, a fiança não pode exceder a dívida principal, e está sujeita à mesma forma[41].

Decorre daqui que, se o aval tiver a natureza de fiança — (ou, o que é o mesmo, se houver de definir-se como obrigação de garantia de obrigação alheia, como continua a fazê-lo a doutrina dominante) — há-

---

[41] *Op. cit.*, p. 36 ss, 90s.

-de verificar-se necessariamente este regime fundamental([42]). A questão principal que se põe a quem quer determinar a natureza do aval é a seguinte: o avalista garante o pagamento da letra por parte do avalizado, sendo a sua obrigação subsidiária da obrigação deste (fiança subjectiva)? Ou garante autonomamente o próprio pagamento da letra, isto é, garante--o com independência relativamente à obrigação do avalizado (fiança objectiva)?([43])

17. *(Cont.) O aval como garantia (autónoma) do pagamento da letra.* — Uma das características fundamentais dos títulos de crédito — consequência da sua natureza circulante — é a sua *autonomia*. A partir dela, o aval evoluiu no sentido de a obrigação do avalista se tornar independente e, portanto, o aval passou a ter natureza *diferente da fiança*([44]).

A L. U. adopta a tese do aval-fiança objectiva([45]). Com efeito, do art. 30 resulta que o aval garante o pagamento *da letra*. E esta disposição aparece num *contexto* diferente daquele em que estava inserida no código comercial: o art. 32 II da L. U. é a antítese do art. 336 § único do C. Com.. Deste artigo da L. U. resulta que, «se a nulidade da obrigação avalizada não destrói a obrigação do avalista, (é porque)... a obrigação do avalista é uma responsabilidade que garante... o pagamento da *letra* e não constitui uma mera responsabilidade pelo pagamento da letra *por parte* de uma certa pessoa: o avalizado. Responde-se objectivamente pelo pagamento da letra, não se responde subjectivamente, ou seja, pelo pagamento dela por parte da pessoa avalizada»([46]).

É de salientar, no entanto, que ''a fiança representa como que o fundo comum'' em matéria de garantias pessoais, de que as garantias cambiárias (legais — isto é, as do sacador e endossantes — e voluntárias, ou seja, o aval) são exemplo. Por isso, o regime da fiança é *direito subsidiário,* embora, especialmente no caso do aval, só quando a natureza deste não afaste a sua aplicação([47]).
Nota-se aqui uma aparente concordância com os defensores da corrente dominante: o regime da fiança aplica-se desde que a natureza do aval não se oponha a essa aplicação. É, porém, pura aparência. Com efeito, para a doutrina dominante, o aval continua a ser definido com uma garantia da obrigação avalizada, não sendo,assim, uma garantia de um tipo diferente da fiança, embora a

---

([42]) *Op. cit.,* p. 90.
([43]) Cf. *op. cit.,* p. 90ss.
([44]) *Op. cit., p.* 91s.
([45]) *Op. cit., p.* 93ss.
([46]) *Op. cit., p.* 95.
([47]) Cf. *op. cit., p.* 101s.

autonomia do aval (art. 32 II) o afaste dela. A obrigação do avalista continua a ser vista como de garantia da obrigação avalizada – mesmo quando esta não existe! – e, portanto, acessória (salvo quanto à questão da validade da obrigação principal), tal como acontece na fiança. Daí que o regime da fiança seja globalmente adequado ao aval e só seja afastado pelas especialidades decorrentes da natureza *cambiária* deste. O avalista pode, nomeadamente, opor ao portador as excepções relativas à obrigação avalizada susceptíveis de serem opostas pelo devedor principal desta, salvo as que resultam da invalidade (substancial) do seu acto constitutivo. Muito diferentemente se passarão as coisas no caso de se entender que o avalista não é garante da obrigação do avalizado mas do próprio pagamento da letra por quem está nela indicado para o fazer e, portanto, é responsável no caso de ele não se verificar. O avalista não se obriga, então, a satisfazer uma dívida alheia – ao contrário do que acontece na fiança e na concepção do aval dominante. Ele assegura ao portador beneficiário da sua garantia determinado resultado: o recebimento de determinada soma, no lugar, no tempo, e da pessoa indicada no título. E responde perante ele pela sua não verificação, qualquer que seja a causa desta. Se o aval é uma obrigação de garantia da obrigação avalizada, tal como acontece na fiança o seu objecto como que se confunde com o objecto da obrigação que o seu autor avaliza e é daqui que decorre um tipo de acessoriedade idêntico ao da fiança e que se traduz, nomeadamente, em o avalista poder opor as excepções do avalizado, por um lado por exigências lógicas, e, por outro lado, para a posição do garante, face ao credor, não ser mais onerosa do que a do garantido. Diferentemente se passam as coisas se o aval é visto como garantia directa, face ao portador, do pagamento esperado da letra no seu vencimento nos termos em que é, segundo o teor do título, para ser feito. O objecto da eventual obrigação(de regresso) do avalista é, então, claramente distinto do da obrigação daquele por quem dá o seu aval. Ele assume uma obrigação autónoma, distinta da do avalizado, ainda quando o seu conteúdo seja *coincidente,* como normalmente acontece, aliás, com o conteúdo da obrigação dos restantes brigados cambiários, não sendo pago o título (cf. os arts. 47 ss). O objecto da sua obrigação não é pagar o que o seu avalizado deve. Ele tem uma responsabilidade paralela à de todos os demais subscritores decorrente da não verificação de um facto de que todos eram "garantes" (para a posição expecial do aceitante, cf. *infra*) – o pagamento pontual da letra. Todos garantiram o mesmo resultado e todos respondem pessoal e separadamente pela sua não produção, sendo a responsabilidade de cada um independente da dos demais e sendo portanto todos responsáveis perante o portador (normalmente) pela mesma quantia, isto é, pelo valor facial da letra acrescido de juros e despesas. (É nisto que se traduz a solidariedade imprópria dos subscritores cambiários perante o portador – art. 47 L. U.; cf. Vaz Serra, 103 RLJ, p. 421s, e STJ 230 BMJ, p. 101.) Decorre daqui, nomeadamente, que a extinção da obrigação do avalizado não deve acarretar a do avalista e, em geral, o avalista não pode opor os meios de defesa do avalizado – ao contrário do que acontece na fiança. Com efeito, a posição cambiária do avalista, a sua responsabilidade (ainda que tenha a mesma medida), é independente da do avalizado, o que não acontece na fiança.

18. *(Cont.)* – É de salientar, finalmente, que não é raro ver-se em decisões dos nossos tribunais afirmações como esta: «Embora o aval tenha certas afinidades com a fiança, a sua natureza é especial e diversa, como se conclui do preceituado nos artigos 30.º e 32.º da Lei Uniforme. A obrigação do avalista não tem natureza idêntica à da pessoa a favor da qual o aval é prestado, pois é *directa e autónoma para com o portador,* como emana da exegese do citado artigo 32.º. O aval, sendo uma garantia, não se enquadra rigorosamente no conceito jurídico de fiança. O referido artigo 32.º mostra que as *obrigações* do avalista e do avalizado *são independentes,* pois de outro modo não se compreendia que a obrigação daquele subsistisse mesmo no caso de a obrigação que garante ser nula por qualquer razão» (STJ, 230 BMJ, p. 101). Como se viu, no entanto, na alínea B deste capítulo, nem a doutrina nem a jurisprudência dominantes definem o aval de acordo com o que aqui se diz nem tiram as necessárias consequências do que aqui se afirma.

19. *(Cont.)* – Três factores principais têm contribuído para a controvérsia e a confusão que se estabeleceram, no domínio da L. U., acerca da função, natureza e regime do aval: a força da tradição, a tendência para reconduzir aos institutos fundamentais do direito civil as novas criações do tráfico e o facto de não se ter presente a existência de dois tipos de garantia completamente distintos – a (obrigação de) garantia de uma obrigação alheia, e a garantia de que um determinado objecto tem certa ou certas qualidades ou de que um determinado resultado, em si mesmo considerado, se produzirá.

Com efeito, como se viu nos capítulos anteriores, quer no domínio do código comercial de 1833, quer no de 1888, o aval era considerado uma fiança, isto é, uma (obrigação de) garantia da obrigação do avalizado. Do art. 306 do C. Com. vigente, conjugado com o art. 336 § único, resultava, segundo a interpretação praticamente unânime da doutrina e da jurisprudência, que o avalista responderia pela própria obrigação do avalizado. E, como se viu na alínea A deste capítulo, esta doutrina continuou a ser defendida, por parte da generalidade dos autores no domínio da L. U., apesar de ter desaparecido a principal base legal em que esta tese se apoiava e de o art. 32 II/1.ª parte da L. U. a ela se opor. Viu-se ainda na alínea B que a maioria da doutrina e da jurisprudência acabaria por reconhecer que a tese da fiança não explica o art. 32 II, mas também não reconheceu, verdadeiramente, que este artigo se lhe opõe, que exige uma concepção do aval diferente daquela que correspondia à nossa tradição jurídica. E, por isso, continuou, em geral, a defini-lo como uma (obrigação de) garantia da obrigação de outrem (o avalizado), por isso acessório relativamente a ela, como a fiança, embora com a limitação do art. 32 II, e a aplicar-lhe no essencial o regime da acessoriedade da fiança.

Apesar de se ter deixado de o qualificar como fiança, o aval manteve, assim, a sua identidade fundamental que a tradição consagrara.

A leitura da nossa literatura jurídica revela, deste modo, que a tendência tem sido no sentido, ou de reconduzir pura e simplesmente o aval à fiança, ou, pelo menos, de o definir como uma garantia do tipo da fiança (ainda que com uma zona limitada de autonomia), cumprindo uma função equiparada a esta, e com um regime, substancialmente, idêntico.

Esta tendência é, em grande parte, explicável por aos autores e à jurisprudência não aparecer clara uma *concepção* do aval alternativa à concepção tradicional do aval-garantia da obrigação avalizada. O problema foi sempre posto em sede de garantia das obrigações.

O art. 32 II opõe-se, no entanto, a esta concepção dominante (cf. o ac. do STJ cit. no número anterior). Ao afastar a principal manifestação da acessoriedade que ocorre *necessariamente* no fenómeno das obrigações de garantia de obrigação principal de outrem, é o próprio fenómeno em si que fica em causa. E impõe-se indagar o que será, então, o aval se não é uma obrigação de garantia de outra. Terá ele afinidades com algum outro instituto já reconhecido directamente pela lei ou consagrado pela prática e juridicamente reconhecido como forma de exercício da autonomia privada (uma vez que o aval é um acto jurídico)?

A nossa ordem jurídica conhece, na verdade, outro tipo de garantias legais e convencionais (cf., nomeadamente, os arts. 426, 587, 913 ss e 921 C. C.). E, a par do instituto da fiança, está hoje consagrada pela prática e reconhecida pela ordem jurídica como manifestação da autonomia privada a *garantia autónoma,* isto é, uma garantia que não se traduz, diferentemente do que acontece na fiança, numa obrigação de satisfazer uma dívida alheia e por isso necessariamente acessória desta, mas assegura ao seu beneficiário que um determinado resultado em si mesmo considerado se produzirá([48]).

([48]) Cf., nomeadamente, GALVÃO TELLES, *Direito Privado* cit., *passim* (e também em O Dir., cit., *ib.*); FERRER CORREIA, *Notas para o estudo do contrato de garantia bancária,* in RDE, ano VIII, n.º 2, 1982, p. 247ss; ALMEIDA COSTA/PINTO

É precisamente neste contexto, diferente do das garantias pessoais das obrigações de que a fiança é o modelo, que deve situar-se o aval. A função sócio-económica típica da letra é a de servir como meio de pagamento, como moeda de troca com um curso voluntário (não forçado). Quem a aceita como meio de pagamento ou aceita descontá-la é porque confia em que ela é um bom meio de pagamento, uma moeda boa (o que depende do esperado pronto acatamento da ordem de pagamento nela contida no vencimento). É esta qualidade que aquele que a utiliza como meio de pagamento (sacador ou endossante) garante legalmente ao portador (arts. 9 e 15 L. U.), tornando-se responsável pela sua eventual não confirmação que ocorre quando o resultado esperado – o cumprimento pontual da ordem de pagamento contida no título – não se verifica. E é essa mesma qualidade que o avalista garante voluntária e autonomamente aos destinatários da operação (aceite, saque ou endosso) do seu avalizado (arts. 30 I, 32 I e 32 II/1.ª parte), tornando-se pessoal e autonomamente responsável pela eventual não confirmação dessa qualidade naquela mesma medida de responsabilidade (32 I) que, em abstracto (cf. 32 II), corresponde ao seu avalizado, salvo convenção do avalista em contrário (cf., nomeadamente, o art. 30 I). A L. U. (art. 32 I) estabelece a operação avalizada, abstractamente considerada, como critério de medida da garantia do avalista, o que se explica pelo facto de que a medida típica de valor da garantia do sacador e endossantes e do aceite não é forçosamente a mesma (o endossante avalizado pode limitar a sua garantia, o aceite pode ser parcial...), e justifica-se pelo facto de o avalista garantir aos destinatários da operação avalizada uma certa qualidade da letra *baseando-se* na confiança que lhe merece o seu avalizado. De facto, não se compreenderia, por exemplo, que o sacado aceitasse pagar metade da quantia que o sacador lhe ordena que pague – o que significa que só é legítimo confiar, com base na assinatura do aceitante, em que a letra será paga no vencimento por essa quantia – e que o avalista do aceitante garantisse aos destinatários do aceite o seu valor total, ou que um endossante se exonerasse da garantia de pagamento – o que significa que, por ele, não confia o suficiente em que o pagamento se dará para assumir o risco do não pagamento – e ao mesmo tempo um avalista viesse por ele garanti-lo.

MONTEIRO, *Garantias Bancárias. O contrato de garantia à primeira solicitação (Parecer), in* CJ XI/5 (1986), p. 15ss.

Explicando as coisas de forma mais simples e directa. A L. U. diz no art. 30 I que o avalista garante (voluntariamente) o pagamento da l etra, tal como diz nos arts. 9 e 15 que o sacador e os endossantes garantem igualmente esse pagamento (garantia legal). Dispõe no art. 43 que o portador pode exercer os seus direitos de acção contra os endossantes, sacador e outros co-obrigados se a letra *não for paga no vencimento* e, no art. 47, que os sacadores, aceitantes, endossantes ou avalistas de uma letra (subentende-se, pela localização sistemática do artigo, letra não paga pontualmente pelo sacado no vencimento) são todos solidariamente responsáveis para com o portador. Estabelece depois, em particular para o aval, a obrigação avalizada como critério de medida e de determinação dos beneficiários da garantia e da consequente responsabilidade do avalista no caso de o resultado que garante – o pagamento pontual da letra no vencimento por quem está nela indicado para a pagar, o sacado – não se verificar (art. 32 I). E do art. 32 II resulta que o avalista é autonomamente responsável, sendo irrelevante que o avalizado, *em concreto,* seja também responsável ou não. O avalista não garante, portanto, o pagamento da obrigação do seu avalizado (que pode não existir) mas, tal como o sacador e os endossantes, garante o *pagamento da letra,* sendo responsável com estes e com o aceitante pelo seu não pagamento. Com efeito, como resulta do artigo primeiro da L. U., a letra é essencialmente uma *ordem de pagamento* de uma determinada quantia (2.º), titulada (1.º), assinada pelo emitente do título, o sacador (8.º), e dada a uma pessoa determinada nele indicada, o sacado (3.º). A ordem é dada ao sacado em certos termos, nomeadamente, relativos à época do seu pagamento (4.º; cf. art. 2 II, 33ss) e ao lugar em que este deve ocorrer (5.º), sendo este normalmente o domicílio daquele que está indicado na letra para a pagar (cf. o art. 2 III; e ainda os arts. 4 e 27). O sacado *pode* aceitar (apondo a sua assinatura no título) cumprir a ordem de pagamento que lhe é dada – e é o que se passa no comum das letras – nos termos em que está titulada no momento em que lhe é apresentada a aceite ou noutros (arts. 21ss, 26), ficando nesse caso obrigado a cumprir a ordem que aceitou, isto é a pagar a letra no vencimento (art. 28 I, cf. 26 II *in fine*) e sendo *responsável* perante o portador pelo seu *não pagamento* (art. 28 II, 47) nos termos dos arts. 48s, tal como acontece com os garantes desse pagamento (arts. 9, 15, 30 I, 43 e 47ss). De diversas disposições resulta, assim, que o *pagamento da letra* a que se referem os arts. 9, 15 e 30 I é o seu pagamento pontual por quem está nela indicado para a pagar (o sacado) no vencimento, isto é, o que o sacador, endossantes e avalistas garantem é o resultado do cumprimento (pontual) da ordem de pagamento contida na letra (arts. 1, 33ss, 38ss). Resulta também do confronto dos arts. 9, 15 e 32 I com o art. 28 I que à *garantia* do sacador, endossantes e avalistas (que não estão na letra indicados para a pagar no vencimento) de que o resultado do pagamento pontual se produzirá corresponde a *obrigação* do aceitante de o produzir, uma vez que, na qualidade de sacado, destinatário da ordem de pagamento titulada na letra, aceitou fazê-lo. E resulta, finalmente, dos arts. 28 II, 43ss, 47 e 48 (e cf. 53s, 60) que tanto os garantes, como o aceitante, são *responsáveis*, nos termos dos arts.48s, pelo não pagamento da letra, isto é, *pelo* seu *não pagamento pontual no vencimento por quem na letra está indicado para a pagar* (o sacado).

O aval é, portanto, o acto jurídico cambiário pelo qual o seu autor garante aos destinatários de certa operação avalizada, em princípio na medida do valor que tipicamente corresponde a esta operação, e com independência relativamente aos demais signatários da letra, o pagamento desta (isto é, o seu pagamento pontual no vencimento por quem está nela indicado para a pagar), ficando pessoal e autonomamente responsável, nos termos dos arts 47ss (com as limitações decorrentes de a garantia do aval poder ser parcial), pela falta de pagamento que venha a ocorrer.

Terminada esta exposição das concepções doutrinais relativas à natureza do aval, importa ver de que modo elas se repercutem na solução da questão da necessidade ou não do protesto para accionar o avalista do aceitante. Este assunto constitui o objecto dos *capítulos seguintes*.

CAPÍTULO IV

A TESE DA NÃO NECESSIDADE DE PROTESTO PARA DEMANDAR O AVALISTA DO ACEITANTE(*)

A – *NO DOMÍNIO DO CÓDIGO COMERCIAL DE 1888*

20. *A desnecessidade do protesto como consequência da acessoriedade do aval.* – No domínio do código comercial de 1888, a doutrina e a jurisprudência estavam de acordo quanto à *desnecessidade* do protesto para o portador ter direito de acção contra o avalista do aceitante([1]).Esta doutrina assentava essencialmente em dois argumentos.

O primeiro consistia no seguinte: 1.º a função do aval é a de «garantir ou caucionar a obrigação de certo obrigado cambiário» e, portanto, como decorre do art.º 306 interpretado à luz do art.º 336 § único (e cf. também o art.º 307), é uma fiança; sendo o avalista um fiador, garantindo o cumprimento da própria obrigação avalizada, a sua obrigação de garantia é *acessória* desta; e essa acessoriedade significa que a extensão e a *sorte* da garantia é a mesma da obrigação avalizada; 2.º nos termos do art.º 314 § 5([2]), o protesto não é necessário para accionar o aceitante; 3.º logo, também o não é relativamente ao seu avalista.

(*) Cf. em PAULO SENDIN, *Letra de Câmbio – L. U. de Genebra*, II, Lisboa 1982, p. 773s, a literatura nacional e estrangeira que defende esta tese.

([1]) Cf. 57 RT (1939), p. 83 e 84s; 71 RLJ, p. 324 e nota (1); 89 RT, p. 345 e nota (30); 4 ROA (1 e 2), p. 168 e 194; ADRIANO ANTERO, *op. cit.*, p. 610; MARNOCO e SOUSA, *op. cit.*, p. 450s; SÁ CARNEIRO, *Da Letra de Câmbio na Legislação Portuguesa*, Porto 1919, p. 151ss.

([2]) «*Se a letra não for paga* no seu vencimento, será o portador obrigado a fazê-la protestar, sob pena de perder o direito de acção contra o sacador e os endossados, e ficando-lhe somente *salvo* o poder de accionar o *aceitante* ».

As palavras de alguns autores ilustram este argumento. Assim, escreveu o Prof. PINTO COELHO: «*Dêste conceito* do aval como *fiança* parece *lógico concluir* que, se não é necessário o protesto contra o aceitante, devedor principal, se a abrigação dêste subsiste independentemente de protesto, não será este necessário contra o avalista do aceitante. *Quere dizer:* para que este esteja obrigado, *basta* que o esteja o próprio aceitante»([3]).

Também ADRIANO ANTERO escreveu: «Quanto a este (o *aceitante*), a razão porque se dispensa o protesto é que esse *não precisa de que o avisem* da falta de pagamento, por ser ele próprio que tinha de pagar a letra». (Cf. *supra*, no n.º 5, a opinião da SAMPAIO PIMENTEL, neste mesmo sentido.) «E também não é preciso protesto contra o *avalista* do mesmo aceitante; já porque esse anda *rigorosamente adstricto à sorte d`aquelle;* já porque, de outra forma, o avalista viria a tornar mais onerosa a situação do portador»([4]). E a *Revista de Legislação e de Jurisprudência* vai no mesmo sentido: «como *acessória* que era, a obrigação do avalista devia ter a *sorte* da obrigação do avalizado, *mantendo--se enquanto* esta se mantinha, e devendo assim, quando o aval tivesse sido prestado pelo aceitante, subsistir apesar da falta de protesto (314, § 5.º)»; aliás, argumenta ainda esta Revista, o aceitante e o avalista são *co-obrigados solidários* (art.º 306), pelo que o portador poderá mesmo «exigir o pagamento do avalista sem previamente o ter reclamado ao aceitante»([5]). E, como o protesto se destina a comprovar a *recusa* de pagamento pelo aceitante, poderá mesmo dizer-se que a sua exigência não faz sentido relativamente ao avalista([6]).

O segundo argumento fornecia-o o próprio art.º 314 § 5.º e era ele, aliás, que dava força ao anterior. Esta disposição regulava a posição dos sacador e endossantes, por um lado (necessidade de protesto), e a do aceitante, por outro (desnecessidade de protesto). Omitia, assim, qualquer referência aos avalistas. E o que significava esta omissão? Precisamente que o aval era uma garantia da obrigação avalizada, portanto, acessória desta, e que o legislador considerara implicitamente que a matéria do protesto estava incluída no âmbito desta acessoriedade.

21. *Crítica. Impropriedade do conceito de acessoriedade utilizado pela doutrina; fundamento, significado e limites da acessoriedade.* — Era procedente o primeiro argumento considerado isoladamente deste segundo? Do conceito de aval como garantia da obrigação principal e, portanto, caracterizada pela acessoriedade relativamente a esta retira-

---

([3]) 4 ROA (1 e 2), p. 194; cf. *Lições cit.,* p.7
([4]) *Op. cit.,* anot. ao art. 326, p. 610.
([5]) 71 RLJ, p. 324.
([6]) Cf. SÁ CARNEIRO, *op. cit.,* p. 152s.

-se, como consequência lógica, que o aval tem a mesma sorte da obrigação principal, não apenas no sentido de que está dependente desta, não podendo subsistir sem ela, *mas ainda* no sentido de que existindo e mantendo-se a obrigação principal também se mantém a obrigação de garantia, isto é, de que esta depende dos mesmos pressupostos daquela? Dito de outro modo: então a obrigação de garantia, que decorre de um acto jurídico do garante, manifestação da sua automonia privada (liberdade negocial), não pode ter as suas próprias condições de existência e validade e depender de pressupostos próprios de eficácia?

Quando é inválida a obrigação principal é-o também logicamente aquela que garante o seu cumprimento; mas quando aquela é válida é uma consequência lógica desse facto a de que também o é a de garantia? Quando a eficácia da obrigação principal depende de determinados pressupostos ou condições, é natural que a da obrigação de garantia também seja reflexamente condicionada; mas é também uma consequência lógica da relação de acessoriedade a de que, se a obrigação principal não depende de determinado pressuposto, o mesmo deverá acontecer com a obrigação de garantia? A relação de acessoriedade em que sentido funciona relativamente à obrigação de garantia, no sentido de *afectar* a sua validade e eficácia, ou também no de *definir* positivamente as suas condições de validade e eficácia (o que é diferente de servir de critério do seu conteúdo, questão que pressupõe resolvida a da validade e eficácia da garantia)? Vejamos o que dizem os autores sobre este assunto.

No que se refere ao direito anterior, já se viu acima, no n.º 2, que a acessoriedade decorrente do art.º 353 do código de Ferreira Borges, correspondente ao art.º 306 do código vigente, era entendida no sentido de que a obrigação de garantia *depende* da obrigação avalizada, o que obviamente não é o mesmo que dizer que a obrigação de garantia existe sempre que existir a obrigação garantida, que tem os mesmos pressupostos desta. Questão diferente é a do conteúdo da obrigação de garantia, que só se põe *quando esta existe válida e eficazmente* . Sendo o fim da obrigação de garantia o cumprimento da própria obrigação avalizada, é natural que o *conteúdo* daquela coincida com o desta (cf., *supra,* o n.º 9), isto é, que o garante responda na mesma medida do seu afiançado, por quanto este responde (cf. C. C. art. 634 e art. 32 I L. U.). Mais propriamente, à relação de acessoriedade em sentido amplo corresponde uma consequência necessária e uma consequência natural, no que se refere ao âmbito ou conteúdo da obrigação de garantia. Esta não pode ser mais extensa do que a obrigação principal (cf. C. Com. de 1833, art.º 833, e C. C. vigente art.º 631) – acessoriedade necessária: o conteúdo da obrigação principal funciona como limite máximo da garantia. E tem, *salvo convenção* em contrário, o mesmo conteúdo – acessoriedade natural (cf. o art.º 353 do C. Com. de 1833 e 634 do C. C. vigente).

A obrigação principal é, assim, um pressuposto necessário, a medida máxima e o critério natural de medida da obrigação de garantia – acessoriedade. Mas esta questão da acessoriedade só surge depois de se apurar que, independentemente dela, a obrigação de garantia existiria válida e eficazmente. A matéria dos pressupostos de eficácia da obrigação de garantia é, portanto, distinta e anterior à questão da acessoriedade. Só uma vez apurado que se verificam as condições de existência, validade e eficácia próprias da obrigação de garantia é que se vai ver qual o seu conteúdo e se aquela validade e eficácia passa no teste da acessoriedade.

Tanto o regime da fiança, no código comercial de 1833, no código de SEABRA e no código civil vigente (arts. 627ss), como a doutrina confirmam que é este o sentido da acessoriedade: positivo (mas não necessário) quanto à definição do conteúdo da garantia e negativo (e necessário) quanto ao resto([7]). Escreve, em particular, o Prof. VAZ SERRA, sintetizando aquilo em que a acessoriedade, no seu entender, consiste: «a existência e conteúdo da obrigação principal condicionam a obrigação do fiador, que tem por fim assegurá-la»([8]). Ela traduz-se, assim, numa «*relação de dependência ou subordinação*» da obrigação de garantia face à obrigação garantida([9]).

Uma breve análise do *fundamento* da acessoriedade mostra também que é este o seu sentido. Na verdade, ela é a consequência directa do facto de a garantia ser garantia de alguma coisa. É por isso e só por isso, portanto só nessa medida, que ela existe. Uma garantia para ter sentido tem que ter um objecto. Se este objecto é o cumprimento de uma obrigação de alguém, é *natural* que esta seja em princípio a medida da garantia, que o seu conteúdo seja o desta, porque isso é o mesmo que dizer

---

([7]) Cf., *supra*, n.º 9; e VAZ SERRA, *cit.*, 71 BMJ (1957), p. 19ss, 28s, 43ss, etc.; PIRES DE LIMA e ANTUNES VARELA, *Código Civil anotado*, I, anots. aos arts. 627 ss; ALMEIDA COSTA, *Direito das Obrigações*, Coimbra 1984, p. 618s.

([8]) *Op. cit.*, p. 21; cf., nas p. 28s, 43ss, 234ss, as várias manifestações da acessoriedade.

([9]) Cf. GALVÃO TELLES, *Direito Privado cit.*, p. 10s.

que o que é garantido é efectivamente a obrigação principal *tal como ela é*. E é logicamente *necessário* que a obrigação principal seja o limite máximo da garantia e que a sua existência, validade e eficácia *condicionem* as da garantia. Está aqui em causa apenas a necessidade de a garantia ter objecto, de se saber qual este é e de assegurar que quem garante o cumprimento de obrigação alheia não tenha uma posição mais onerosa do que a do obrigado principal (ou, em geral, o estabelecimento de restrições à eficácia da garantia). A obrigação principal é, numa palavra, a medida da garantia (salvo cláusula em contrário) e condição e limite à eficácia do negócio da sua constituição. Assim, seria uma consequência lógica da acessoriedade que fosse necessário o protesto para accionar o avalista do aceitante se a obrigação do aceitante avalizado dependesse de protesto; mas a inversa não é verdadeira. Da noção do aval como fiança e da sua consequente acessoriedade relativamente à operação avalizada não resulta, como consequência lógica, que, quando a obrigação principal existe, também exista a obrigação de garantia, que os pressupostos daquela sejam os desta. Com efeito, nesse caso, estaria a *estender-se* a eficácia da obrigação avalizada à obrigação de garantia e não a limitá-la ou condicioná-la (nem a definir «os termos» desta obrigação).

O conceito de acessoriedade utilizado pela doutrina que defende a desnecessidade do protesto para accionar o avalista do aceitante é, portanto, um conceito impróprio. Ele não traduz uma relação de dependência necessária ou natural da garantia relativamente à obrigação avalizada. E o argumento fica, assim, prejudicado.

22.*A não necessidade do protesto só se justifica em relação ao aceitante* — Mas o facto de a desnecessidade do protesto face ao avalista não ser uma consequência lógica da sua desnecessidade face ao seu avalizado (aceitante) não quer dizer que esse fosse o direito. Ele significa apenas que da noção do aval e da acessoriedade que a sua natureza implicaria não se retira sem mais esse resultado. Pode, assim, chegar-se por outras vias à conclusão de que a obrigação do avalista do aceitante não dependia de protesto. O art. 314 § 5 podia ser uma dessas vias. A partir da noção do aval-fiança, esta disposição podia efectivamente entender-se no sentido de que o legislador acrescentara à acessoriedade própria do instituto um novo caso de acessoriedade, embora com um sentido diferente do daquela porque este não é uma consequência necessária ou sequer natural da relação de garantia mas ditado por possíveis razões de *conveniência* do direito cambiário. A questão é, portanto, a de saber se um tal entendimento se justificava.

O protesto (cf., *supra* , n.º 5; e *infra*) destina-se a comprovar a recusa do pagamento pontual por quem está indicado na letra para a pagar no lugar em que ela é pagável, em regra, o domicílio do sacado; é ao *sacado* que o portador deve apresentar a letra para que a pague e, em princípio, no domicílio deste (cf. os arts. 278, 282 e 314).

Por isso, tendo a letra sido aceite, o sacado-aceitante não pode alegar ingnorância de a letra não ter sido paga porque seria o mesmo que alegar ignorância de ele próprio não a ter pago. Mas todos aqueles a quem a letra não deve ser apresentada para ser paga no vencimento – e são todos os subscritores cambiários à excepção do sacado, cf. *infra* – estão numa posição diferente e é no seu interesse que a lei exige uma ''prova'' solene *de que a letra foi apresentada pontualmente a pagamento* a *quem a devia pagar e* esse *pagamento* foi *recusado,* no todo ou em parte([10]). ADRIANO ANTERO, anotando o art. 314, escreve: «A primeira condição para que se realise o pagamento da letra é a sua apresentação. Aqui *não* se aplica o princípio: *Dies interpellat pro homine; porque é preciso apresentar o documento* »([12]). E, na anotação ao art. 326 (relativo ao protesto), continua: «já vimos no art.º 314 § 5 que, se o portador não protestar a letra no vencimento, *perde* o direito contra o sacador e endossados; e a *razão* disso é que os devedores não podiam, sem grave prejuízo, ficar expostos por longo tempo aos caprichos do credor. Se assim fosse, desaparecia, ou, pelo menos, diminuiria a *segurança do comercio* ». «Quanto (ao *aceitante*), a razão porque se dispensa o protesto é que esse *não precisa que o avisem* da falta de pagamento, *por ser ele próprio que tinha de pagar a letra* ». No entanto, em *contraste* com esta ordem de ideias, lançando mão de um argumento de carácter formal – que já vimos não ser certo –, acrescenta: «E também não é preciso protesto contra o avalista do mesmo aceitante... porque esse anda rigorosamente adstricto à sorte d`aquele...».([13])

Em *conclusão,* pelo menos do ponto de vista dos interesses em causa, a dispensa do protesto só se justifica face a quem não podia ignorar

---

([10]) Cf. ADRIANO ANTERO, *op. cit.,* p. 622.
([11]) *Op. cit.,* p. 586s.
([12]) *Op. cit., ib.*
([13]) *Op. cit.,* p. 610.

a falta de pagamento pontual da letra no vencimento por quem o devia fazer, isto é, o sacado. Não o seu avalista. O aceitante obriga-se pelo seu aceite a pagar a letra no vencimento (art. 290) e *é a ele que a letra deve ser apresentada para ser paga* (art. 278-2.º e 314), não ao seu avalista, que tem uma diferente posição na letra: não aparece nela como um sacado, destinatário da ordem de pagamento nela titulada, não aceita essa ordem; ele responsabiliza-se apenas pelo cumprimento da obrigação do aceitante *no caso de este não o fazer* quando o devia, isto é, pontualmente. Este não pagamento pelo aceitante é um *pressuposto,* material, da obrigação de garantia do avalista do aceitante (ou, pelo nemos da sua eficácia), embora o não seja da obrigação que este contraiu pelo seu aceite. Ora o protesto é precisamente a "prova" desse pressuposto, prova que, como já salientara SAMPAIO PIMENTEL, só não se justifica contra o aceitante porque, pela natureza das coisas, ele sabe se a letra foi ou não paga([14]).

23. *(Cont.) Crítica da tese de que o avalista do aceitante é solidariamente obrigado com este a pagar a letra no vencimento (obrigado directo).* — Isto só não seria assim se a (eficácia da) obrigação de garantia do avalista do aceitante não dependesse do «não pagamento» da letra, isto é, se ele estivesse, juntamente com o aceitante, obrigado, com a sua simples declaração de aval, a *pagá-la no vencimento.* É este, aliás, o mais importante argumento que pode retirar-se da argumentação da Rev. Leg. Jur.([15]). O avalista do aceitante seria *solidariamente* obrigado com este a cumprir a dívida deste. Por isso, o portador poder-lhe-ia exigir directamente a ele o pagamento da letra, mesmo não a tendo apresentado a pagamento ao aceitante. Nem a recusa de pagamento por este nem a respectiva prova seriam, assim, pressupostos da eficácia da sua obrigação de garantia.
O argumento é analisado mais abaixo. É, no entanto, de notar desde já quais as principais consequências que decorreriam da sua aceitação. O portador só tem indiscutivelmente o ónus de apresentar a letra a pagamento, no tempo e lugar do pagamento, à pessoa nela indicada para a pagar, isto é, o sacado. O avalista do aceitante não é sacado, nem, portanto, co-aceitante; ele não é destinatário da ordem de pagamento emitida na letra e, assim, o seu aval não pode ter o significado de uma aceitação dessa ordem. Aquilo a que ele se comprometeu, nesta tese, foi a garantir que a obrigação do aceitante, de pagar pontualmente a letra no lugar e no tempo do pagamento, será cumprida. E, sendo *solidariamente* obrigado com este, o portador deveria poder escolher qualquer deles para pagar. Tendo a letra, normalmente, como lugar de pagamento o domicílio do sacado, o avalista do aceitante deveria, pois, apresentar-se nesse domicílio para pagar.

([14]) *Op. cit.,* p. 101s.
([15]) 71 RLJ, p. 324ss; cf. também SÁ CARNEIRO, *op. cit.,* p. 152s.

(E, pagando a letra no vencimento, deveriam aplicar-se-lhe as mesmas regras de tutela do sacado que paga no vencimento mesmo a quem não é titular da letra.) Como se vê, a posição do avalista do aceitante seria a de obrigado a pagar a letra no vencimento como principal pagador e, normalmente, no domicílio do sacado. E surgiriam daqui ainda uma série de questões que a doutrina não se pôs, precisamente porque nunca partiu *efectivamente,* na sua compreensão da letra, de que a *solidariedade* do avalista fosse relativa à própria obrigação do aceitante de pagar a letra *no vencimento.* Seriam elas: o que deveria considerar-se como *recusa* de pagamento, só aquela que vinha do aceitante? também aquela que provinha do seu avalista? ou era necessário comprovar por protesto a recusa dos dois para se abrir o regresso contra o sacador, os endossantes e respectivos avalistas? O que é que estes garantiriam, o pagamento pelo sacado, o pagamento pelo aceitante ou pelo seu avalista (isto é por qualquer deles), ou pelos dois?

24. *(Cont.)* – Em *conclusão.* No domínio do código comercial de 1888, a única base legal para a desnecessidade de protesto face ao avalista do aceitante era a fornecida pelo art. 314 § 5. Mas, tendo presente a função do protesto e a razão da sua *dispensa* face ao aceitante e da sua *existência* face aos garantes do pagamento da letra, deste artigo só resultava que o regime da posição do avalista do aceitante era o da obrigação do seu avalizado e não o dos demais garantes (sacador e endossantes) se se provasse que o avalista do aceitante tinha uma obrigação de garantia do próprio pagamento pontual da letra solidária com a do aceitante, isto é, sendo também principal pagador da letra. Esta prova nunca foi feita.

Pelo contrário, tendo-se em conta que o avalista não é a pessoa indicada na letra para a pagar na época e no lugar do vencimento e que é um mero garante, a interpretação da lei devia ser outra. Quem está indicado para pagar a letra é o sacado. Se este aceita, obriga-se a cumprir a ordem que lhe é dada no título nesse sentido. E, se *não cumpre,* é que intervém a responsabilidade *solidária* dele e do seu avalista por esse não cumprimento que a si competia (art. 306) e também dos demais garantes (art. 335). O art. 306, aliás, ao dizer que o dador de aval "pode usar das *mesmas acções* que a pessoa afiançada" mostra, por um lado, que quando fala, na primeira parte, em solidariedade do dador de aval pelo cumprimento da obrigação do avalizado está a referir-se ao regresso e, por outro, que o legislador não pensou especificamente no caso do avalista do aceitante (cf., também, o art. 308).

Uma coisa é, portanto, a fase normal da letra até ao seu vencimento, altura em que ela é para ser paga pelo sacado (aceitante ou não). E outra é a fase de regresso pelo seu não pagamento. Naquela, a lei só prevê o nascimento eventual da obrigação de quem é para a pagar e aceita fazê-lo. Uma vez verificado o facto do *não pagamento pontual da letra* (que se traduz também por um incumprimento da obrigação do aceitante, mas não é este facto que directamente releva para o portador, senão o do incumprimento da ordem de pagar constante do título e de que é beneficiário), abre-se o regresso em que se actua a responsabilidade de todos quantos eram «garantes» desse pagamento que não se deu (cf. o art. 335). Para se abrir o regresso é necessário comprovar o facto de que ele depende: o não pagamento previsto (art. 314 § 5, 338). A obrigação de regresso tem o conteúdo fixado no art. 335 § único: abrange o montante da letra, juros e despesas que o portador tiver suportado. Não sendo comprovada a apresentação da letra a pagamento e a recusa de pagamento desta, o portador só está em condições de poder provar que a letra não foi paga contra aquele que o devia fazer. A ordem de pagamento foi definitivamente incumprida, embora falte a prova desse incumprimento. Mas, mesmo que o portador não apresente a letra a pagamento, a obrigação do aceitante, que decorre directa e exclusivamente do seu aceite, não caduca. Ela mantém-se enquanto o portador tiver o título. A natureza e o conteúdo não são, porém, os mesmos que os daquela que tem o próprio aceitante como obrigado de regresso([16]).

O avalista do aceitante não é solidariamente obrigado com este pela obrigação resultante do aceite, mas pela obrigação que este tem por não haver pago pontualmente a letra. Daí a necessidade do protesto. Mas, mesmo que se entenda que ele garante a própria obrigação resultante do aceite, a sua garantia só se torna efectiva *se* quem está indicado na letra para a pagar o não faz, isto é, se o aceitante a quem a letra deve ser apresentada não a pagar. Só nessa altura ele será co-responsável solidário pelo cumprimento tardio dessa obrigação. Põe-se, porém, ainda assim, a questão: porque haveria de ser dispensada a prova do facto de que depende a eficácia da obrigação do avalista?

B – NO DOMÍNIO DA L. U. – DOUTRINA PARTIDÁRIA DA TESE DO AVAL-FIANÇA

25. *A posição do Prof.* PINTO COELHO. – De entre os autores que defenderam a tese do aval-fiança no domínio da L. U., destacam-se, como já se disse (*supra,* cap. III), FERNANDO OLAVO e PINTO COELHO, igualmente defensores da tese da desnecessidade de protesto para accionar o avalista do aceitante([17]). Esta é, aliás, a tese da quase totalidade da nossa doutrina e jurisprudência, pelo que cremos não serem necessárias outras referências para além das constantes do texto.

Escreve este último autor: «perante a L. U., os que defendem a desnecessidade do protesto contra o avalista do aceitante começam, naturalmente, por *demonstrar* que o aval na L. U. é ainda, essencialmente, uma *fiança,* e que o avalista assume uma obrigação subsidiária ou *acessória* da obrigação do avalizado», porque, sendo assim, «para que

---

([16]) Cf. ADRIANO ANTERO, *op. cit.,* p. 589s, e *infra*.
([17]) Cf., respectivamente, 4 ROA (3 e 4), p. 190s; e 4 ROA (1 e 2), p. 194ss, *Lições cit.,* p. 18 ss, 23 ss.

(o avalista) esteja obrigado, basta que o esteja o próprio aceitante»([18]). É certo que, na L.U., a questão se apresenta em termos diferentes daqueles em que aparecia no direito anterior, já que o art. 53 apenas exceptua o aceitante e há quem defenda que o avalista presta «uma garantia objectiva, vinculando-se por força da sua assinatura como qualquer outro signatário da letra, (não havendo) razão para ligar a sua sorte à do aceitante, por conta de quem foi prestado o aval; e assim se (abonando) em considerações de lógica jurídica a doutrina que já resultava da interpretação literal do art. 53»([19]). «Mas para nós, que nos colocamos num ponto de vista *subjectivista,* afirmando o carácter subsidiário da obrigação do avalista, mesmo à luz das disposições da Lei Uniforme, e enquadramos ainda perante esta o aval no instituto da *fiança,* a segunda das considerações referidas não é relevante e apenas temos que examinar o problema em presença do próprio preceito do art. 53, averiguando se pode justificar-se a interpretação literal referida, ou melhor se não haverá outras razões que nos levem a *corrigir* a interpretação literal e a consolidar a doutrina, que para nós continuaria a derivar do carácter subsidiário da obrigação do avalista em relação à obrigação do avalizado»([20]).

E o autor vai encontrar essas razões. Com efeito, embora o legislador, na ressalva do art. 53 I, aluda apenas ao aceitante, « é necessário *equiparar* quem subsidiariamente assume a *mesma obrigação* cambiária, e, assinando a letra, não tem outro *intuito* que não seja o de cobrir a responsabilidade do dito aceitante»([21]). E essa equiparação resulta do art. 32 I. Na verdade, deste preceito não decorre apenas o carácter subsidiário da obrigação do avalista. Encarando o aval como acto cambiário, ele significa *ainda* que, «como obrigação cambiária, a responsabilidade do avalista existe nos mesmos *termos,* depende dos mesmos *requisitos ou formalidades* cambiárias que a obrigação daquele por conta de quem se obrigou»([22]). Por conseguinte, «se... a obrigação do signatário, por honra de quem se deu o aval, caduca se não for protestada a letra por falta de pagamento, o portador só tem acção contra o dador de aval se fizer o protesto em tempo útil; se a obrigação daquele não

---

([18]) 4 ROA (1 e 2), p. 194.
([19]) *Lições cit.,* p. 19.
([20]) *Lições cit.,* p. 19s.
([21]) *Lições cit.,* p. 24.
([22]) *Lições cit.,* p. 24.

depender de protesto – é o caso do aceitante – não é necessário este para accionar o avalista»(²³). O avalista «toma, na série dos signatários cambiários, a *mesma situação* que o avalizado, respondendo da mesma maneira que ele e adquirindo, quando paga, os mesmos direitos cambiários que este tinha»(²⁴).

Este é, assim, o primeiro argumento do autor a favor da tese da desnecessidade do protesto face ao avalista do aceitante. O autor parte da ideia de que o aval é uma fiança, logo a sua obrigação é acessória da do seu avalizado. Seria o que decorre do art. 32 I. Mas, parecendo ter consciência de que a acessoriedade não implica a desnecessidade do protesto – cf., contra, 4 ROA (1 e 2), p. 194–, acaba por dizer que do art. 32 I não resulta apenas a acessoriedade do aval mas resulta *ainda* que «a responsabilidade do avalista existe nos mesmos termos, depende dos *mesmos requisitos ou formalidades* » que a do avalizado, há uma comunhão de sorte destes. A questão era, porém, a de saber se, efectivamente, o art. 32 I comporta este sentido e qual a razão ou fundamento de uma tal interpretação, questão esta que o autor não se põe. Ele parte, portanto, de uma *simples afirmação* – a de que o art. 32 I dispõe que a obrigação do avalista depende dos mesmos *pressupostos* e *formalidades* que a obrigação avalizada – para tirar a conclusão da desnecessidade do protesto face ao avalista. Não se trata, deste modo, de um verdadeiro argumento, mas de uma afirmação, que poderá ser ou não corroborada pela restante argumentação do autor. Um facto deve ser, no entanto, desde já realçado. O autor não procura primeiro determinar o sentido da norma, discutindo os vários sentidos possíveis e fundamentando a preferência por um deles. Pelo contrário, parte da tese do aval-fiança para defender a desnecessidade do protesto face ao avalista do aceitante e, como o art. 32 I era a única base legal para o fazer, interpreta-o de modo a que dele decorra essa solução.

26. *(Cont.) Crítica.* – A «chave da questão» poderá e deverá, no entanto, segundo este autor, ser encontrada analisando a *função do protesto* (²⁵).

Há, com efeito, quem argumente a favor da tese contrária com base na diferente natureza das obrigações do aceitante e do seu avalista: o

---

(²³) *Lições cit.*, p. 24
(²⁴) *Lições cit.*, p. 26
(²⁵) Cf. 4 ROA (3 e 4), p. 199ss; *Lições cit.*, p. 24ss.

aceitante seria um «obrigado directo» (art. 28 L. U.), o verdadeiro devedor na cadeia cambiária; e todos os outros intervenientes nessa cadeia – incluindo os avalistas – obrigados de regresso. Mas, *tendo em conta a natureza* do aval (de que decorre segundo o autor (cf. o n.º ant.) ter o avalista a mesma situação que o avalizado na cadeia cambiária, ser ele equiparado a este) e *analisando a função* e o fundamento do protesto, conclui-se que «a distinção entre obrigado directo e obrigado de regresso não fornece qualquer elemento proveitoso para o estudo do problema»([26]).

Na verdade, o protesto é necessário para que se verifique a responsabilidade dos *garantes* da letra (obrigados de regresso) e prende-se com a sua qualidade de ordenadores dum pagamento: eles assinam uma ordem de pagamento e *«apenas respondem porque ordenaram esse pagamento;* trata-se de uma responsabilidade secundária, indirecta, derivada do facto, não de terem assumido directamente a obrigação de prestar, de pagar certa quantia, mas de terem ordenado a alguém que fizesse esse pagamento»([27]). «Compreende-se... que o ordenador *subordine* a sua responsabilidade ou garantia à circunstância de o portador apresentar a letra, na ocasião própria, ao destinatário da ordem... e *não conseguir o pagamento* prometido. A observância destas condições tem que ser *comprovada* por forma rigorosa, oficial, e para esse efeito é que se instituiu o protesto»([28]).

Ora, o *avalista,* seja qual for o signatário por que dá o aval, *«não formula* qualquer *ordem* de pagamento; limita-se a garantir o pagamento por aquele a quem dá o aval, assume subsidiariamente a obrigação deste, embora a sua responsabilidade seja ''solidária''. A sua assinatura não tem outro fim... que não seja *caucionar* a obrigação do avalizado. Não é uma responsabilidade secundária, derivada da ordem de pagamento, como a do sacador ou endossante, mas uma responsabilidade primária»([29]). O avalista do aceitante, *devendo equiparar-se* a este – em certo sentido, é *um co-aceitante* ([30]) – (cf. 32 I), é como ele responsável independentemente de protesto, tal como os avalistas do sacador e endossantes o não são pela razão inversa, isto é, porque a responsabili-

---

([26]) *Lições cit.,* p. 25s.
([27]) *Lições cit.,* p. 27
([28]) *Lições cit.,* p. 27
([29]) *Lições cit.,* p. 28; cf. 4 ROA (1 e 2), p. 201.
([30]) *Lições cit.,* p. 28

dade destes decorre do não pagamento comprovado do sacado([31]). A situação do avalista do *aceitante é diferente* da dos *outros garantes:* «Ele não deu qualquer ordem de pagamento, como o sacador e os endossantes; *associou-se à situação daquele a quem a ordem foi dada* por todos. O *sacado* aceitante é o destinatário ou a *vítima da ordem* de pagamento, e o *avalista* veio correr a mesma *sorte* que ele. Por isso falamos de associado e de co-aceitante». «*Solidarizando-se* espontaneamente com o aceitante e colocando-se *a par* deste perante a ordem dos outros signatários do título, está, como ele, do mesmo lado da barricada, assume uma *responsabilidade idêntica*. E, assim, poderemos chamar à sua *obrigação directa,* como chamámos à do aceitante». «Para quê um protesto contra o avalista que se vincula nestas condições»?([32]) Não há mais razão para exigir na letra as formalidades do protesto e aviso em relação ao avalista do aceitante do que para reclamar na fiança civil a notificação ou qualquer verificação oficial da falta de pagamento»([33]).

Como se vê, este argumento assenta, por um lado, em que o aval é uma fiança, obrigação de garantia da do avalizado, devendo o avalista do aceitante equiparar-se a este, ter a mesma sorte; e, por outro, em que a função do protesto é a de comprovar o não pagamento da letra (por quem está nela indicado para a pagar) face àqueles que dão uma ordem de pagamento. O aceitante teria uma obrigação directa face ao portador e pela qual também responde como ele o seu avalista, enquanto que o sacador e endossantes seriam meros obrigados de regresso. A questão, porém, consiste em saber, por um lado, como já se viu, se o aval é efectivamente uma fiança e se o avalista deve ser equiparado ao aceitante, ter a mesma sorte que este. Era isto que era preciso provar e, quanto à tese da fiança, ela já foi criticada e abandonada (cf. o cap. III); quanto à questão de saber se o avalista tem a mesma posição e sorte que o avalizado, o autor limita-se a dar-lhe resposta afirmativa, baseando-se no art. 32 I, sem a demonstrar (cf. o n.º ant.). Por outro lado, o autor também não demonstra que o protesto cumpre a sua função só relativamente aos que dão uma ordem de pagamento, que só estes (e os seus avalistas) é que são obrigados de regresso (sobre esta questão, cf. *infra* n.º 31). Fi-

---

([31]) *Lições cit.,* p. 28
([32]) 4 ROA (1 e 2), p. 199ss (202s); cf. também GALVÃO TELLES, 4 ROA (3 e 4), p. 191s.
([33]) 4 ROA (1 e 2), p. 204.

nalmente, quanto ao argumento da analogia com a fiança, é de notar que é o valor da «segurança do comércio», como salientou ADRIANO ANTERO (cf., *supra,* n.º 22), e dos obrigados cambiários em especial, que está subjacente à exigência do protesto, o que retira significado a tal analogia.

27. *(Cont.)* – Como suporte da tese do Prof. PINTO COELHO restariam dois argumentos, mas que este autor apenas refere como *confirmativos* dela. O primeiro fora formulado por NAVARRINI e consiste em que, se a L. U. tivesse querido romper com a doutrina consagrada por larga tradição, tê-lo-ia feito de forma expressa[34]. Ora – afirma PINTO COELHO – isso não acontece, nem a história dos arts. 32 e 53 o confirma, antes pelo contrário[35].

Deve, no entanto, notar-se, em primeiro lugar, que as diferenças entre a L. U. e o C. Com., precisamente quanto às consequências da falta de protesto, são patentes pelo simples confronto dos arts. 314 § 5 C. Com. e 53 L. U.. E, em segundo lugar, que a história dos arts. 32 e 53 fornece argumentos que podem ser utilizados nos dois sentidos [36].

O segundo argumento, utilizado em geral por todos os defensores da tese da desnecessidade do protesto, é o que resulta do facto de o art. 45 relativo aos avisos a dar no caso de falta de aceite ou pagamento da letra mencionar os avalistas do sacador e dos endossantes, mas não o do aceitante[37]. Este argumento, como o próprio PINTO COELHO reconheceu, «só por si não tem grande valor»[38]. Com efeito, o instituto dos avisos é claramente subordinado, de significado menor, quando confrontado com o do protesto, como o atestam as consequências da falta de um e outro (cf. o art. 45 VI com o art. 53 I). Assim, se a questão da interpretação se confinasse aos arts. 45 VI e 53 I, sendo o primeiro omisso, de menor significado, e utilizando o segundo uma expressão, «*os* outros co-obrigados», que, pelo menos, no seu significado literal, abrange o avalista do aceitante, deveria o primeiro ser interpretado à luz do segundo (cf. também o art. 43 I) e não o inverso.

---

[34] *Lições cit.,* p. 29.
[35] *Lições cit.,* p. 30ss; cf., no mesmo sentido, 53 GRL, p. 230, 71 RLJ, p. 333s.
[36] CARLOS PEREIRA, 4 ROA (1 e 2), p. 188ss.
[37] Cf., além de PINTO COELHO, 4 ROA (1 e 2), p. 206, FERNANDO OLAVO, 4 ROA (3 e 4), p. 190s, que invoca no mesmo sentido o art. 54; e, ainda, 89 RT, p. 347, 71 RLJ, p. 333.
[38] 4 ROA, p. 206.

Por outro lado, a omissão do avalista do aceitante é compreensível. O artigo indica, em primeiro lugar, os avisos a dar pelo portador – este deve avisar o sacador, o seu endossante, e respectivos avalistas (se estiver em condições de o fazer...) – e, depois, determina que cada endossante deve fazer o mesmo relativamente ao seu próprio endossante e respectivo avalista (art. 45 I a III). De acordo com a lógica do artigo, competiria ao aceitante avisar o seu avalista de que não pagou a letra. E a omissão é então fácil de explicar: não fazendo sentido avisar o aceitante, a L. U. não se lhe refere e, por isso, também não previu a situação do seu avalista. Mas isso não quer dizer que relativamente a este também não faça sentido o aviso. A lei deixa a questão em aberto e ela bem pode resolver-se no sentido de que também o aceitante deve avisar o seu avalista sob pena de incorrer eventualmente em responsabilidade (45 VI). O argumento utilizado pela doutrina poderia, aliás, inverter-se dizendo que, quando a lei quis equiparar o avalista do aceitante a este omitiu pura e simplesmente qualquer referência àquele (art. 45); enquanto que nos arts. 43 e 53 I utiliza uma expressão que o abrange.

28.*Conclusão* – Em conclusão, cremos que a tese da desnecessidade do protesto assenta, por um lado, em pressupostos inaceitáveis e, por outro, em meras afirmações que careciam de ser demonstradas, como se viu.

Deve, em particular, salientar-se que é inaceitável toda a argumentação que parta da natureza do aval (cf., *supra*, o cap. III), sendo clara a diferença que separa a L. U. do C. Com.: por um lado, o art. 32 II L. U. contém uma regra oposta ao art. 336, § único, C. Com.; e, por outro lado, o art. 32 I limita-se a dizer que o avalista responde «da mesma maneira» que o seu avalizado, deixando de fora – pelo menos numa interpretação literal – a questão de saber *quando,* sob que pressupostos o faz, enquanto que o art. 306 C. Com. dizia que o avalista respondia pelas «mesmas obrigações» do avalizado.

Acresce que, enquanto que o art. 314 § 5 C. Com. podia fornecer um argumento a favor da tese desnecessidade de protesto para demandar o avalista, tratar-se-ia de um caso especial de acessoriedade – extravasando embora a acessoriedade própria do instituto da fiança –, o seu correspondente art. 53 I fornece argumento em sentido contrário, como não deixou de o salientar alguma jurisprudência([39]).

([39]) Cf., acs. RL de 7.10.1939, *in* 53 GRL, p. 228ss, e de 11.1.1941, *in* 54 GRL, p. 377s.

Finalmente, o autor parece reconhecer que, mesmo considerando o aval uma fiança e, portanto, acessório da obrigação avalizada, não se tira simplesmente daí a consequência da desnecessidade de protesto. Com efeito, como se viu acima (n.ºs 2, 4, 7, 9, 15s e, sobretudo, 21), ela não constitui uma manifestação de acessoriedade *própria* do instituto da fiança. Apesar disso (ou por isso), faz derivar essa consequência do art. 32 I; diz que ela decorre deste. Ora isto é uma pura afirmação não demonstrada e até contrária, pelo menos, à letra do preceito que, manifestamente, só diz *como* o avalista responde («da mesma maneira» que o avalizado), e não *quando* responde, em que circunstâncias, sob que pressupostos ou condições (cf., *supra,* n.ºs 8 e 19). Quanto ao outro argumento de que o avalista do aceitante não é um obrigado de regresso porque não formula uma ordem de pagamento, é igualmente uma simples afirmação não demonstrada (*vid., infra,* n.º 31).

(É de referir ainda que a tese da desnecessidade do protesto implica uma interpretação *restritiva* do art. 53 I, resultante da sua conjugação com o art. 32 I, que conteria (segundo alguma doutrina) uma norma *especial,* devendo, por isso, prevalecer sobre a norma geral do art. 53([40]). Mas também esta pretensa especialidade do art. 32 I nunca foi demonstrada e o argumento só tem interesse se se aceitar a latíssima interpretação que a doutrina faz do art. 32 I; cf. *supra*).

C – NO DOMÍNIO DA L. U. – DOUTRINA QUE CONSIDERA O AVAL COMO UMA GARANTIA DA OBRIGAÇÃO DO AVALIZADO MAS DISTINTA DA FIANÇA

29. *A interpretação da L. U. de acordo com a tradição. Consequências.* – Com o se viu no capítulo anterior, a doutrina e a jurisprudência hoje dominantes negam a possibilidade de equiparar o aval à fiança, uma vez que a isso se opõe o art. 32 II e III. Viu-se também, no entanto, que, embora se afirme ter o aval «natureza, essência e regime» diferentes da fiança([41]), continua a afirmar-se que o aval é «uma obrigação de garantia da

---

([40]) Cf. 57 RT, p. 83; 53 GRL, p. 230; RL 13 BMJ, p. 350ss (352).
([41]) Cf. STJ 353 BMJ, p. 485; cf. também FERRER CORREIA, *Lições cit.,* p. 198s (p. 208 s na ed. de 1975)).

do avalizado»(⁴²), «é uma garantia que se reporta à dívida cambiária (do avalizado), *não* pretendendo o avalista vincular-se ao pagamento como *obrigado principal*» e «daí que se encontre *dependente da sorte da obrigação avalizada* (suposto que... não... ferida de nulidade...)»(⁴³). Enfim, chega mesmo a afirmar-se, por vezes, que o aval tem «natureza especial e diversa», que a obrigação do avalista «não tem natureza idêntica (à da fiança)... pois é directa e autónoma para com o portador» por força do art. 32 II(⁴⁴), mas continua a fazer-se uso da noção do aval-garantia da obrigação do avalizado, isto é, a definir-se este como uma garantia, não idêntica, mas do tipo da fiança. E, portanto, com o regime da acessoriedade desta ''compatível'' com a autonomia decorrente do art. 32 II.

Neste contexto, é de certa forma ''natural'' que não se tivessem visto razões para alterar a orientação doutrinal e jurisprudencial que vinha do Código Comercial no que se refere à necessidade ou não necessidade de protesto para accionar o avalista do aceitante. Tratava-se, portanto, simplesmente de ver se à manutenção dessa orientação se opunham as disposições da L. U.. E esta lei veio, assim, a ser interpretada, não a partir do sentido natural dos seus termos, como lei nova que era, mas de acordo com a tradição que vinha do direito anterior.

Este fenómeno da interpretação da L. U. segundo uma doutrina pré--concebida reflecte-se num série de artigos que são, nuns casos, interpretados restritivamente (trata-se sobretudo dos arts. 53 I, 43 e 46), noutros, de maneira a terem um significado muito mais lato do que aquele que os seus termos comportam ou mesmo diferente daquele que decorreria nalturalmente desses termos (são de referir sobretudo os arts. 32 I e 30 I) e, finalmente, há artigos que são interpretados ou integrados de acordo com os resultados da interpretação dada aos anteriores – e acabam por ser usados em defesa da tese com base na qual eles têm o sentido que se lhes dá(!) – (cf. os arts. 45, 54 e 70).

Assim, embora – diferentemente do que sucedia com o art. 314 § 5 C. Com. – o art. 53 diga que, na falta de protesto, o portador perde os seus direitos de acção contra «os endossantes, contra o sacador e contra *os outros* co-obrigados, à *excepção do aceitante* », a doutrina, por um

---

(⁴²) Cf., por ex., STJ 279 BMJ, p. 216s, citando mais jurisprudência e doutrina, e FERRER CORREIA, *Lições cit.,* p. 206 (na ed. de 1975).
(⁴³) STJ 353 BMJ, p. 485.
(⁴⁴) STJ 230 BMJ, p. 101.

lado, restringe (excluíndo o avalista do aceitante) a norma «comum» que é a de que o direito de acção do portador tem como fundamento *a falta de pagamento* da letra no vencimento por quem estava nela indicado para a pagar (cap. VII, epígrafe e art. 43), ou, mais precisamente, a *recusa* desse pagamento – o que pressupõe a apresentação pontual da letra a pagamento pelo portador ao sacado, que é quem a deve pagar[45] –, *comprovada* por protesto (art. 44); e, por outro lado, alarga a norma "excepcional", que é a de que o aceitante continua obrigado independentemente da apresentação da letra e consequente recusa de a pagar (acrescentando o seu avalista). Reflexamente, os arts. 43s e 46 I e III são também objecto de interpretação restritiva de modo a excluir o avalista do aceitante.

Para conseguir esse objectivo, esta doutrina socorre-se do art. 32 I e da ideia da acessoriedade que caracteriza a relação existente entre uma obrigação de garantia e a respectiva obrigação principal. Como se viu acima, o art. 32 I corresponde ao art. 306 C. Com. e este ao art. 353 C. Com. de 1833. Mas há uma significativa diferença. Os artigos dos códigos diziam que o avalista era responsável pelas «mesmas obrigações» que a pessoa avalizada, o que era facilmente entendido, no contexto em que se inseriam (sobretudo, no C. Com. de 1888, tendo em conta o art. 336 § único que, como também já se viu, continha uma doutrina contrária à do art. 32 II L. U.), no sentido de que o avalista garantia o cumprimento da obrigação do seu avalizado, sendo por isso acessória a sua obrigação. O art. 32 I L. U. dispõe que o avalista responde «da mesma maneira» que o avalizado, o que, tendo em conta o art. 32 II, já não pode basear a teoria do aval-obrigação acessória da obrigação garantida. O avalista não responde pela obrigação do avalizado, mas responde autonomamente, por um lado, e,*como* ele, por outro. E também não tem na cadeia cambiária a mesma posição do avalizado: ele não é um sacador, endossante ou aceitante, não está indicado na letra como dador, transmitente ou aceitante da ordem de pagamento nela contida. A lei diz simplesmente que ele responde *como* o seu avalizado. E tanto a doutrina como a jurisprudência não deixam de reflectir que isto é assim, embora nem sempre as conclusões estejam de acordo com as premissas e se utilize com frequência na definição destas uma linguagem contraditória.

---

[45] Cf. os arts. 1. 3.º, 38s, 44 I (e cf. a al. V.), 46 II; e ADRIANO ANTERO, *op. cit.*, p. 586s; PINTO COELHO, 4 ROA (3 e 4), p. 199.

Veja-se um exemplo típico. Escreve o Prof. VAZ SERRA([46]): «o facto de o avalista responder *da mesma maneira* que o avalizado não mostra que, interrompida a *prescrição* contra este, ela se considere interrompida contra aquele»; «Aquele facto significa *apenas* que o *conteúdo* da obrigação do avalista é o da obrigação do avalizado...»([47]); «...o avalista, embora a sua obrigação seja *igual* à do avalizado, *não* assume a *mesma figura* cambiária deste: é garante e obrigado por uma obrigação com *conteúdo igual* à do avalizado, mas a *sua* obrigação, tal como a do avalizado, é autónoma...»([48]), a sua garantia é «uma garantia autónoma, distinta de qualquer outra obrigação cambiária, nascendo, assim, várias obrigações com *regime autónomo* e que podem ter *sortes diferentes*»([49]). Resulta daqui que o autor estabelece uma diferenciação entre, por um lado, o *conteúdo* da obrigação, coincidindo as obrigações do avalista e do avalizado quanto a ele, e, por outro, os pressupostos de que essas obrigações dependem, podendo neste caso as obrigações ter sortes diferentes porque são independentes uma da outra, embora sejam iguais. E foi de acordo com estas ideias que defendeu a sua solução para o caso do acórdão que anotou. Mas no fio do seu discurso encontram-se expressões que a doutrina e a jurisprudência utilizam a par das anteriores e que as contradizem. Assim, enquanto diz, por um lado, que as obrigações apenas coincidem quanto ao conteúdo, não assumindo o avalista a mesma figura cambiária do avalizado, sendo autónomas as suas obrigações e podendo ter sortes diferentes, afirma, por outro, que «*o carácter* (da obrigação do avalista) é o (da obrigação do avalizado), repercutindo-se na garantia de aval os efeitos jurídicos da obrigação garantida», e que o art. 32 I «tem o alcance de mostrar que o avalista é devedor acessório, encontrando-se, para com o portador, na *mesma posição* que o avalizado»([50]). Quanto à jurisprudência, diz-se, por exemplo, no acórdão do STJ de 25.7.78([51]), que o avalista não é um fiador e que a sua «responsabilidade *se mede* » pela do avalizado([52]); no ac. do STJ de 3.6.1969([53]), que «a responsabilidade do avalista... *mede-se ou afere-se* pela responsabilidade do «avalizado» ou pela que teria se a sua obrigação fosse válida...» (citando jur. ant.); no ac. do STJ de 23.1.86([54]), que o aval e a fiança são «figuras, com natureza, essência e regimes diversos», sendo de rejeitar a tese da sua equiparação. ([55]) Mas, contrastando com estas afirmações de princípio, as soluções dos casos baseiam-se nas ideias de que «tudo o que favoreça ou desfavoreça o avalizado estende-se ao avalista» (ac. de 3.6.1969, citando ac.

([46]) 103 RLJ, p. 423ss.
([47]) P. 423.
([48]) P. 426.
([49]) P. 425.
([50]) P. 423.
([51]) 279 BMJ, p. 214ss.
([52]) P. 217.
([53]) 103 RLJ, p. 404ss.
([54]) 353 BMJ, p. 482ss.
([55]) P. 485.

ant.) – o que é bem diferente de a obrigação do avalizado ser o critério de medida da do avalista – e de que o aval é uma «garantia que se reporta à dívida, cambiária, não pretendendo o avalista vincular-se ao pagamento como obrigado principal», «Daí que o aval se encontre dependente *da sorte* da obrigação avalizada...» (ac. de 23.1.86).

O art. 32 I tem por objectivo *definir* a responsabilidade do avalista, dizer em que consiste, *como* responde ele. Para o efeito, utiliza uma adequada locução adverbial: «da mesma maneira». Resulta, portanto, da letra deste artigo que o mesmo só dispõe sobre o *conteúdo* da obrigação do avalista, da sua responsabilidade, e não sobre as condições em que o avalista responde ou não; estabelece um critério de medida de uma responsabilidade que é pressuposta, isto é, para o caso de esta existir. *Para os efeitos* da questão do protesto, a doutrina dá-lhe, no entanto, um sentido muito mais amplo. Em vez de definir apenas *como* responde o avalista, ele passa a definir também *quando,* em que condições ou sob que pressupostos a responsabilidade do avalista existe, de modo a abranger o problema do protesto – pressuposto geral (formal)dessa responsabilidade. A doutrina não se põe a questão de saber como deve ser interpretado o art. 32 I face ao disposto no art. 53 I. Ela só aborda a questão de saber se o art. 53 I não deve ser interpretado restritivamente face a uma interpretação previamente dada ao art. 32 I para a resposta ser afirmativa (mantendo a tradição). E, ou lança mão, nesta interpretação do art. 32 I, dum conceito impróprio de acessoriedade para justificar o resultado a que chega (cf., *supra,* sobretudo n.º 21), ou limita-se a afirmar que este artigo tem um significado tal que abrange os próprios pressupostos da responsabilidade do avalista, entre as quais se contaria o protesto.

Como consequência deste método heterodoxo de interpretação da lei, também o art. 30 I, ou passa a dizer algo de diferente daquilo que resulta dos seus termos e da comparação destes com os arts. 9 e 15, por um lado, e 28, por outro – ou é pura e simplesmente esquecido. Assim, em vez de querer dizer aquilo que efectivamente diz, isto é, que o avalista – qualquer que seja o avalizado – garante o próprio pagamento da letra (cf., *supra,* n.ºs 8, 15ss, sobretudo 19), passa a significar, segundo o comum dos autores, que o avalista garante a obrigação do avalizado. Que sentido terá, porém, para quem – pressentindo ou tendo consciência de que isso é incompatível com o facto de essa obrigação do avalizado poder não existir, isto é, com a independência do aval, art. 32 II – afirma ter o avalista uma obrigação de garantia distinta, autónoma e directa para com o portador, de natureza diversa da do avalizado (ainda que com o mesmo conteúdo)? Das duas uma: ou se chega à conclusão de que o avalista garante o próprio pagamento da letra e, nesse caso, é, como os demais garantes desse pagamento, responsável *no caso de ele não se dar;* ou não se chega a conclusão nenhuma, porque, se o avalista não garante o pagamento da letra pelo avalizado nem garante o próprio pagamento previsto no título, qual o objecto da sua garantia? E, se a conclusão que se impõe é aquela, isto é, que o avalista garante o próprio pagamento da letra, não é verdade que, tal como acontece com os demais garantes, *a recusa de pagamento* é um pressuposto necessário da sua responsabilidade (diferentemente do que acontece com o aceitante – cf. o art. 28) e que a lei prevê que a verificação deste pressuposto só pode em princípio (salvo cláusula em contrário) ser provada por protesto (art. 44)? Não admira, por isso, que a doutrina que defende a desnecessidade do protesto face ao avalista do aceitante, ou afirme que ele garante a própria obrigação do aceitante, ou, afirmando que ele tem uma obrigação paralela, ao lado da deste, com o mesmo conteúdo mas independente, esqueça pura e simplesmente o art. 30 I (cf. *infra*).

Finalmente, culminando este processo, uma outra série de disposições são interpretadas de acordo com as premissas de que se parte mas sendo o resultado insatisfatório. Assim, em vez de procurar a razão de ser dos avisos a que se refere o art. 45 e questionar-se sobre se deve ou não entender-se que, embora o aceitante não tenha que ser avisado, este deve avisar o seu avalista sob pena de poder responder perante ele, a doutrina tira pura e simplesmente a conclusão de que esse dever de avisar não existe. (Quanto ao art. 54, ele não prevê também que o avalista do aceitante seja avisado de que a letra não foi apresentada a pagamento ou protestada por caso de força maior, mas pela razão simples de que o aceitante também pode ignorar que tal tenha sido o caso.) Do mesmo modo, embora o art. 46 I diga que «o sacador, um endossante ou um avalista» pode dispensar o portador de fazer o protesto, a doutrina acrescenta: «com excepção do avalista do aceitante». Também no caso do prazo da prescrição, embora o avalista seja um mero garante e não o «obrigado principal», como a doutrina considera o aceitante, o art. 70 é, sem mais, interpretado no sentido de equiparar a situação do avalista do aceitante a este e não à dos demais garantes. E situação semelhante ocorre no instituto da intervenção. De acordo com a doutrina, o avalista do aceitante não só não pode indicar um sacado de recurso (o que se compreende porque o contrário seria incompatível com a própria função da garantia do aval que presta), como está impedido de pagar por intervenção no caso de o aceitante não pagar a letra com pontualidade (mas cf. o art. 55 III).

30. *A posição da RLJ (interpretação lata do art. 32 I L. U.; o avalista do aceitante como obrigado cambiário directo.* — Na literatura que não se integra na teoria do aval-fiança e que defende a desnecessidade de protesto para o portador poder accionar o avalista do aceitante, destacam-se a *Revista de Legislação e de Jurisprudência* e o *Prof. FERRER CORREIA,* que foi, sem dúvida, quem mais influenciou a jurisprudência nesta matéria do aval([56]). À análise do pensamento daquela revista se dedica o texto que se segue([57]).

a) Segundo o art. 32 I, o dador de aval é «responsável da mesma maneira» que a pessoa por ele afiançada; e, segundo o art. 53 I, embora os direitos de acção do portador dependam em princípio do protesto, isso não acontece com o aceitante. *Respondendo* o avalista do aceitante *«da mesma maneira»* que este, *«logo se deixa ver que a sua responsabilidade subsistirá enquanto susbsistir a dessa pessoa».* E, como segundo o art. 53 I a responsabilidade do aceitante é independente do protesto, também o é a do seu avalista([58]).

É certo que há argumentos a favor da tese contrária, mas a doutrina maioritária é no sentido que se defende([59]). E, na verdade, *o art. 53 I não constitui obstáculo* a esta tese. Ao referir-se a «outros co-obrigados» *não quer dizer que sejam todos;* pode ficar de fora o avalista do aceitante. A questão resolve-se confrontando-o com o art. 32 I e interpretando-o à luz do pensamento da lei([60]).

Ora *«Não há dúvida* que a *consequência lógica* deste último texto (o art. 32 I) será que a falta de protesto, *não desvinculando* o aceitante, não deve exonerar também o seu avalista». «Se o dador de aval é responsável da mesma maneira... e se... a sua obrigação é válida não obstante a nulidade da obrigação (do seu afiançado)..., o preceito em questão forçosamente significa que pela responsabilidade do avalizado se *medirá* ou se definirão os *termos* da obrigação do avalista, tomando-

---

([56]) Mas, entre outros, *vid.,* no mesmo sentido, a *Revista dos Tribunais,* 89 RT, p. 291ss (345ss).
([57]) *Vid.* 71 RLJ, p. 234ss
([58]) P. 325
([59]) P. 325s
([60]) P. 326s

-se no seu mais *lato* sentido as palavras sublinhadas». «A obrigação deste terá a mesma *extensão* e *duração* que a daquele; dependerá dos mesmos *limites* ou *condições* ». «À parte o não ser atingida pela nulidade material desta última, aquela existirá ou deixará de existir *se, enquanto e até onde* a outra... exista ou deixe de existir». «*Não* será pois necessário para garantir a integridade da obrigação do avalista qualquer *diligência ou formalidade não exigida quanto à obrigação do avalizado* ». «Donde *resulta* ser dispensável o protesto para o portador poder agir contra o avalista do aceitante, uma vez que, sem o protesto, continua vinculado o próprio aceitante (art. 53.º, al. 1.ª)». «Estará aqui... *uma das aplicações* mais flagrantes da norma do art. 32.º, al. 1.ª», e *não se prova* que o art. 53 I «tenha pensado estabelecer... uma derrogação ao princípio do art. 32.º, al. 1.ª; antes pode e será mais *plausível* admitir-se que, ... ressalvando o aceitante, *supôs* deixar exceptuado também – por reflexo, em virtude daquele princípio – o correspondente avalista»([61]).

O art. 53 I deve, portanto, como outros preceitos, ser objecto de interpretação *restritiva* ([62]).

Pode ainda objectar-se, no entanto, que, por este modo, há uma *duplicidade de tratamento* dos avalistas. Importa, por isso, ver a questão de fundo, a *razão* porque a responsabilidade do avalista do aceitante não depende de protesto. Essa duplicidade de tratamento decorre do próprio *art. 32 I,* isto é, do facto de o avalista do aceitante responder da mesma maneira que o seu avalizado, «ou seja nos mesmos *termos e condições* em que este deverá pagar, *suposta a validade* do acto constitutivo da sua obrigação (art. 32, al. 2.ª)». O avalista do aceitante «vincula-se (por força do art. 32 I)... *quási como* se fosse um outro aceitante». «*Não toma sobre si a própria obrigação do aceitante,* pois não lhe aproveita a nulidade desta...». «Mas assume... uma *obrigação igual,* isto é, com o mesmo *objecto* e *conteúdo,* e subordinada aos mesmos *pressupostos* ». «Ora se assim se comprometeu e responsabilizou, não admira que deva pagar independentemente de protesto, como o próprio aceitante. Ele deverá pagar *até sem prévia e oportuna apresentação* da letra ao aceitante, para pagamento, visto que nem sequer é necessária tal diligência para se manter a responsabilidade dêste obrigado». Sendo a responsabilidade do

---

([61]) P. 327.
([62]) Cf. p. 328.

sacador e dos endossantes e, reflexamente, a dos seus avalistas de natureza diferente, fica explicada aquela duplicidade([63]). E pode também objectar-se com o carácter *autónomo* da obrigação do avalista (art. 32 II/1.ª parte). Mas deve observar-se que a obrigação do avalista não está desligada de todo o vínculo de acessoriedade relativamente à do avalizado. É verdade que ela é materialmente autónoma, mas «*mantém-se ainda hoje a sua acessoriedade formal* » (art. 32 II/2.ª parte). O facto de se manter a acessoriedade formal, juntamente com o disposto no art. 32 I e no art. 32 III, «tenderá a provar-nos que a ideia da *fiança* não é estranha à disciplina do aval», o que não se estranhará dado que o aval «serve intuitos que assumem caracteres fidejussórios» ([64]).

«Com quer que seja... a citada *al. 1.ª,* equiparando a responsabilidade do avalista à da pessoa cuja assinatura ele garantiu, só por si *basta* para justificar que o avalista do aceitante responda sem subordinação a protesto, uma vez que a falta deste também não prejudica a obrigação do avalizado»([65]).

b) Resta argumentar *positivamente:* dar uma fundamentação positiva à tese que se defende([66]).

O primeiro fundamento, e de primacial importância, é o da al. 1.ª do *art. 32 I,* «onde se define o conteúdo e os termos da responsabilidade dêste avalista, igualando-a à do próprio avalizado».

O segundo é retirado do art. 45 I e II *(avisos):* o portador não é obrigado a dar aviso da falta de pagamento ao avalista do aceitante, «bastando-lhe avisar o seu endossante, o sacador e os respectivos avalistas». «Ora mal se compreenderia... que, a ser exigido o protesto para *continuar* responsável aquele avalista, não se requeresse também o aviso da falta de pagamento. Entende-se que seja dispensado o protesto, subsistindo... a necessidade do aviso... mas não que seja obrigatório o protesto e dispensado o aviso». «A verdadeira *razão* de a lei não mandar fazer este aviso ao avalista do aceitante só pode consistir em ser facultado ao portador reclamar-lhe o pagamento, mesmo sem anteceder o protesto e até *sem* a prévia e oportuna *apresentação* da letra ao próprio aceitante».

([63]) P. 331.
([64]) P. 332.
([65]) P. 332.
([66]) P. 333s.

Finalmente, a história dos arts. 32 I e 53 I confirma o que acaba de dizer-se([67]).

Em *conclusão:* «a omissão do protesto por falta de pagamento não tira ao portador da letra a possibilidade de proceder contra o avalista do aceitante por meio de *acção cambiária directa,* como aquela que sem dúvida lhe assiste contra o próprio avalizado (arts. 28.º, al. 2.ª, e 53.º, al. 1.ª)»([68]). Quer dizer, em suma, que para a RLJ o protesto não é necessário relativamente ao avalista do aceitante porque se considera que *ele não é obrigado de regresso,* antes estando sujeito a uma *acção directamente* decorrente do seu acto de aval, tal como acontece com o aceitante (art. 28); e isto porque a sua obrigação é *igual* à deste, a sua posição cambiária é de «quási como se fosse um outro aceitante», como resulta do *art. 32 I.* Nem será de argumentar com o facto de o aceitante ser o único que está em condições de saber se a letra foi paga, porque o seu avalista é solidário com ele pelo pagamento da letra. E que *nem sequer é necessário* que o portador *apresente a letra a pagamento ao aceitante* para, em caso de recusa, poder demandar o seu avalista. Como obrigado *directo,* tal como o aceitante, e solidariamente responsável com este pelo pagamento (solidariedade imprópria?) da letra, ele responde como obrigado principal. E, sendo assim, deve contar com o facto de que tem, tal como o aceitante, que pagar a letra ao portador, não tendo sentido provar a prévia recusa do aceitante de pagar porque a sua responsabilidade é independente dessa recusa([69]).

31. *Crítica.* — A *primeira* observação a fazer é a de que, como já se salientou atrás, a RLJ não procura interpretar o texto da L. U. como se de uma lei nova se tratasse, procurando harmonizar entre si, num todo coerente e significante, os seus vários artigos. O seu objectivo foi o de ver se o art. 53 I constituía ou não *obstáculo* à tese da desnecessidade de protesto que a tradição consagrara no domínio do direito anterior. E chegou à conclusão de que *não se prova* que esse obstáculo exista, interpretando o artigo "à luz do pensamento da lei", o que é o mesmo que dizer, como se viu, à luz dos arts. 32 I e 45 — mas já não à luz dos arts.

([67]) Cf. p. 333s.
([68]) P. 335.
([69]) Cf., argumentando também neste sentido de que o avalista é obrigado directo, com as consequências que daí decorrem, PINTO COELHO, 4 ROA (3 e4), p. 199ss (202ss); GALVÃO TELLES, 4 ROA (3 e 4), p. 191s. Cf., *supra,* n.º 23.

43 I, 46, 55, etc. Há aqui um evidente erro do método de interpretação da lei. Com efeito, a RLJ não procurou efectivamente determinar o sentido do art. 53 I no quadro da Lei Uniforme, isto é, ver se era possível e razoável ele querer dizer aquilo que parece dizer. O que ela procurou foi ver se estava provado que o artigo devesse significar aquilo que parece. E, para isso, abstraiu de que este preceito também faz parte da lei e é uma disposição chave para interpretar o instituto do regresso e do respectivo pressuposto formal normal – o protesto. E acabou por fazer dele uma interpretação *restritiva,* o mesmo acontecendo a outros preceitos igualmente decisivos para se compreender o significado do regresso e do protesto (arts. 43, 46, etc.).

A *segunda* observação é a de que, no fim de contas, o que ficou em confronto foram essencialmente os arts. 32 I e 53 I, dando a RLJ prevalência ao primeiro. Mas havia uma razão para o fazer? A questão que surge quando o portador de letra não paga, e não protestada, pretende fazer valer os seus direitos face ao avalista deve pôr-se no contexto do cap. VII da L. U. (arts. 43ss relativos precisamente aos direitos do portador de letra não paga), ou no contexto dos artigos 30 e seguintes, relativos à caracterização e regime do aval enquanto acto cambiário? À primeira vista, pelo menos, parece que a resposta deve procurar-se antes de mais naquele cap. VII, em que se integra o art. 53 I, porque é ele que regula *especialmente* esta situação. Mas a RLJ tomou o outro caminho, subordinando a interpretação dos preceitos desse capítulo (43, 46, 53...) à disposição genérica do art. 32 I, quando é certo que, como norma relativa à caracterização do aval como acto cambiário, apenas se preocupa em definir o conteúdo da responsabilidade do avalista e não as condições em que a sua responsabilidade surge – porque essa matéria está especialmente regulada para todos os subscritores nos artigos 43 e seguintes. Outros autores viram aliás este problema, e procuraram justificar a prevalência do art. 32 I com o argumento – não demonstrado – de que este seria uma disposição especial relativamente à do art. 53 I[70]. Repare-se que esta pretensa especialidade assenta no pressuposto de que a L. U. regularia a situação do portador de letra não paga no cap. VII para todos os casos, *excepto para o avalista (do aceitante).* Para este existiria a norma especial do art. 32 I. Mas é evidente que, se se vir que a matéria do direito de acção do portador de letra não paga é regulada expressa-

---

[70] Cf. 53 GRL, p. 230, e 59 RT, p. 84.

mente pelo cap. VII e em especial pelo art. 53, inclusivamente quanto ao aceitante, tal artigo, enunciando genericamente em que consiste a responsabilidade do avalista, não se ocupa da questão. E fica esclarecido, em geral, que a matéria dos pressupostos da responsabilidade do avalista é estranha ao art. 32 I. A este ponto é dedicada a observação que se segue.

A *terceira* observação é relativa ao significado do art. 32 I, a disposição chave em que assenta toda a argumentação da RLJ (e, em geral, de todos os defensores da tese que esta defende). Diz este artigo que o avalista «é responsável da mesma maneira» que o avalizado. Há aqui dois termos de comparação: a responsabilidade que o avalizado tipicamente tem (não a sua responsabilidade em concreto, cf. o art. 32 II) e que a L. U. define directamente, por um lado, e a responsabilidade do avalista, por outro, que a L. U. define por comparação ou referência. A L. U. diz *como* responde o avalista: este responde *como* responde, de acordo com um juízo típico *a priori* (cf. o 32 II), o seu avalizado. O que significa isto? Dando às palavras o seu sentido normal, a lei limita-se a dizer *como* responde o avalista, isto é, qual o conteúdo ou medida da sua responsabilidade e perante quem é responsável (isto é, como se integra a sua garantia na cadeia cambiária). Não diz, portanto, *quando,* em que circunstâncias ou sob que pressupostos ele responde. Isso é matéria que está especificamente regulada no cap. VII (arts. 43ss); o elemento sistemático confirma, assim, a interpretação literal do artigo. Dito de outro modo, a lei, ao definir a responsabilidade do avalista, fá-lo para o caso de este ser efectivamente responsável nos termos gerais (tem que ser capaz, ter agido sem erro, etc.) e de acordo com as disposições da L. U. relativas ao direito de acção daquele perante quem ele é responsável (arts. 43ss). Ora a RLJ *deu como assente,* sem discutir a questão, que o art. 32 I significaria mais do que isso. Seria uma «consequência lógica», «forçosa», dos seus termos a de que ele diz como e *quando* o avalista responde. Como se expressava outra doutrina, decorreria dele que o avalista tem a mesma *sorte* que o avalizado, responde *sempre* que este responde. Mas é evidente que isto era precisamente aquilo que *era preciso demonstrar* e essa demonstração faltou. Tal significa que a RLJ interpretou restritivamente o art. 53 I na sua primeira parte e aumentou correspondentemente o alcance da excepção nele contida com base num artigo do qual deu como assente uma interpretação que não era forçosa nem sequer a mais de acordo com a sua letra e com o sistema da lei, que regula precisamente a questão dos pressupostos da responsabilidade quanto a todos os subscritores da letra no cap. VII. Imagine-se um jurista que toma pela primeira vez contacto com o direito cambiário, desconhecedor das concepções doutrinais a ele relativas, que vêm essencialmente do séc. XIX, e a quem é pedida uma interpretação dos arts. 32 I e 53 I e a resolução da questão que nos ocupa. Encontraria ele alguma colisão entre eles? E, no caso de isso acontecer, resolve-la-ia corrigindo o segundo? Não nos parece que a resposta fosse afirmativa.

A *quarta* observação é relativa à natureza da responsabilidade do avalista. Diz a RLJ que o portador tem, tal como acontece no caso do aceitante, um *direito de acção directa* contra o seu avalista, direito que é independente de protesto porque este é prova da recusa de pagamento da letra pelo aceitante – o que pressupõe a apresentação a este, pelo portador, da letra no seu vencimento e aquele direito nem sequer depende dessa apresentação. Mas também este argumento se baseia numa *pura concepção doutrinal* do aval assente, mais uma vez, numa determinada interpretação do art. 32 I. Com efeito, para a RLJ, o avalista «assume uma *obrigação igual*» à do avalizado, isto é, «com o mesmo objecto e conteúdo, e subordinada aos mesmos pressupostos» – o que significa que, no caso do avalista do aceitante, ele, embora tenha, por um lado, uma obrigação distinta da do aceitante, não responde pela própria obrigação deste (art. 32 II), por outro lado, vincula-se «quási como se fosse um outro aceitante». Como se vê, a ideia de que o avalista do aceitante – ao contrário do que acontece com os demais avalistas – é um obrigado directo é retirada do art. 32 I *depois de este ter sido interpretado de modo a tornar possível* que essa ideia se extraia dele. O argumento não adianta nada relativamente ao que já foi criticado na observação anterior. É uma simples tentativa de explicação da interpretação dada àquele artigo.

Mas vejamos quais as consequências a que ele leva e se estas são de aceitar. Se o avalista não responde pela própria obrigação do aceitante (como a RLJ defende), é porque o art. 30 I não significa que ele garante o pagamento da letra pelo avalizado, isto é, pelo aceitante enquanto aceitante (o que está de acordo com o que resulta do art. 32 II/1.ª parte). Mas, como se viu acima (cf. sobretudo os n.ºs 19 e 29), se isso é assim, deve aceitar-se que o artigo significa precisamente aquilo que os seus termos sugerem, isto é, que o avalista *garante o próprio pagamento da letra* por *quem está nela indicado para a pagar na época do pagamento e no lugar* em que ela é pagável. E salta aos olhos, então, a diferença que existe entre a sua posição e a do aceitante. Este é o próprio destinatário da ordem de pagamento contida na letra, é quem está nela indicado para a pagar. A sua assinatura na letra como aceitante significa que ele se compromete a cumprir essa ordem. E por isso *assume legalmente* a *obrigação* de o fazer (art. 28 I). Pelo contrário, o avalista é *mero garante* do pagamento (isto é, de que a ordem de pagamento constante da letra e aceite pelo seu destinatário será cumprida) tal como o são o sacador e endossantes e os demais avalistas, com a única diferença, relativamente aos primeiros, que a sua garantia é assumida voluntariamente (cf. o art. 30 I com os arts. 9 e 15). O art. 30 I corresponde ao art. 28 I. O aceitante é *obrigado* directamente pelo seu aceite a pagar a letra no vencimento; o avalista apenas *garante* com o seu acto cambiário de aval que esse pagamento se dará([71]). Uma letra aceite contém já uma obrigação eficaz que se vence no vencimento da letra, a do aceitante. Uma letra aceite e avalizada ''pelo'' aceitante tem a mais, não outra obrigação como aquela, mas a *garantia* do avalista de que a ordem de pagamento dela constante e cujo cumprimento foi prometido por aquele a quem foi dada será efectivamente cumprida. Pode, portanto, ter-se como absolutamente certo que só o aceitante é que é obrigado a pagar a letra no seu vencimento, isto é, a cumprir a ordem de pagamento dela constante. O portador da letra tem o ónus de a *apresentar* pontualmente a pagamento ao sacado (aceitante ou não) – cf., nomeadamente, o art. 38 I, L. U. –, em princípio no domicílio deste (cf. os arts. 1. 5.º, 2 III, 4 e 27). «Não diz expressamente a lei... que a apresentação é feita ao aceitante; mas ninguém duvida que é a ele, como destinatário da ordem e como devedor principal, que a apresentação deve ser feita»([72]). No caso de o portador apresentar a letra a pagamento e este lhe ser recusado, a L. U., consequente com a ideia de que a letra é, essencialmente, a ordem de pagamento que ela contém e que é para ser cumprida pelo sacado no vencimento, considera-a como definitivamente *não paga* (cf. *supra,* n.ºs 8 e 19; e, nomeadamente, os arts. 1 e 43ss). Isso significa que o resultado que o sacador, endossantes e avalistas garantiram e que o aceitante prometera não se produziu. Todos os subscritores são então *responsáveis* pela não verificação desse resultado por si garantido ou prometido, nos termos dos arts. 47 ss. (art. 43 e 28 II). Mas, para que isso aconteça, não basta ao portador ter apresentado pontualmente a letra a pagamento. É ainda necessário que

---

([71]) Cf. STJ 353 BMJ, p. 484 – o avalista (do aceitante) não pretende vincular--se ao pagamento como principal – embora noutro contexto.

([72]) PINTO COELHO, 4 ROA (3 e 4), p. 199; cf. também ADRIANO ANTERO, *op. cit.,* p. 586s, *supra,* n.ºs 22, 29.

comprove por protesto que essa apresentação se deu e que o pagamento lhe foi recusado (art. 44)([73]).

Isto não pode ser objecto de dúvida no que se refere aos garantes. Na verdade, se, por um lado, estes garantem ao portador que um determinado resultado se produzirá – isto é, garantem que, se ele apresentar a letra na época e no lugar nela indicados e à pessoa que é para a pagar, ela lhe será paga – e se, por outro lado, a lei estabelece o protesto como a "prova" de que tal não se deu (isto é, de que houve *recusa* de pagamento), o portador sem letra protestada não está, legalmente, em condições de provar face a eles que o resultado que eles lhe garantiram, e, portanto, por cuja não produção respondem, se não verificou. E note--se que, mesmo que ele tenha feito protestar a letra, se não a tiver *apresentado* a pagamento ao sacado no vencimento e no lugar nela indicado, esse protesto não prova efectivamente que houve *recusa* de pagamento (recusa que não ocorreu); e, feita a prova daquele facto (isto é, da não apresentação), a responsabilidade dos garantes não *se constitui* ([74]). Estes garantem ao portador o pagamento dentro de determinado condicionalismo fixado na lei. E, portanto, só são responsáveis pelo não pagamento que ocorra dentro desse condiconalismo, ou seja, pela *recusa* de pagamento. E, além disso, desde que o portador esteja em condições de provar (por protesto) essa recusa.

A única questão que se pode pôr é relativamente ao aceitante. Com efeito, o art. 28 II dispõe que «à défaut de paiement, le porteur... a contre l'accepteur une *action directe résultant de la lettre* de change pour tout ce qui peut être exigé en vertu des articles 48 et 49». Esta *acção directa* é consequência do facto de o aceitante ser o destinatário da ordem de pagamento da letra que se comprometeu a pagá-la e por isso é *obrigado* a fazê-lo. E é também este facto que explica a ressalva do art. 53 I. Mas uma questão se põe. Esta acção directa a que se refere o art. 28 II existe no caso de *falta de pagamento*. Deve entender-se por tal mesmo o caso de falta de pagamento imputável ao portador, isto é, resultante de este não a ter apresentado para ser paga, ou apenas o caso de recusa de pagamento? O art. 42, ao dispor que no caso de a letra não ser apresentada pontual-

---

([73])Pinto Coelho e Adriano Antero, *op. e loc. ult. cits.*

([74]) A questão não é, portanto, ao contrário do que se passa com o aceitante, a de saber se ele se *mantém* obrigado ou não sem protesto ou mesmo sem apresentação da letra ao sacado. É de saber se a sua obrigação surge efectivamente (ou, se se proferir, se torna eficaz).

mente a pagamento pode ser a sua importância consignada em depósito, confirma a doutrina já existente no direito anterior([75]) de que, neste caso, o aceitante não é responsável nos termos dos arts. 48 e 49. O que se compreende porque é o credor (portador) quem está em mora e não o aceitante. Diferentemente se passam as coisas se a letra foi apresentada a pagamento no tempo devido e se o aceitante o recusou. Neste caso, é ele que está em mora. O portador tem, então, no protesto o meio normal de provar essa apresentação e essa recusa. Mas pode optar por lançar mão de outros meios de prova, o que é perfeitamente justificado no caso do aceitante que é quem deve pagar a letra e sabe que a não pagou. Nesta última hipótese, o aceitante é responsável, tal como na de ter havido protesto, nos termos dos arts. 48 e 49. A situação do avalista do aceitante é, como se disse, completamente diferente. Ele não é o destinatário da ordem de pagamento, não é a ele que a letra deve ser apresentada a pagamento. Por isso, ele não aceita tal ordem (nem «como que a aceita» – o que, aliás, não se percebe bem o que seja) e, consequentemente, não se obriga a cumpri-la. É um *garante* desse pagamento. E, por isso, a lei não tem, no seu caso, nenhuma norma correspondente à do art. 28 II, que se relaciona com o art. 28 I. Não é nenhum obrigado directo. Ele *responde* perante o portador por aquilo que lhe garantiu, isto é, no caso de o pagamento lhe vir a ser recusado. E contra ele já se justifica que esta recusa seja solenemente comprovada porque, como já foi várias vezes salientado, não é ele que tem que pagar a letra, esta não é para lhe ser apresentada para pagamento, e, consequentemente, não tem um conhecimento natural de que ela não é paga. Assim se compreende que o art. 53 I não o inclua na ressalva, diferentemente do que fora proposto nos trabalhos preparatórios dessa disposição. A ideia de que o avalista do aceitante, sendo solidário como seu avalizado, é obrigado a pagar a letra mesmo sem ela ter sido apresentada a pagamento ao aceitante é um equívoco resultante de não se distinguir entre, por um lado, a obrigação de pagar a letra – estando aqui em causa o seu pagamento propriamente dito, isto é, o pagamento pontual pelo sacado no tempo e lugar do pagamento previsto no título –, que a lei só prevê para o aceitante, e, por outro, a responsabilidade pelo não pagamento (*rectius, recusa* de pagamento) da letra. Uma vez provada a recusa de pagamento de acordo com a lei, todos são solidariamente responsáveis, não pelo seu pa-

---

([75]) Cf., ADRIANO ANTERO, *op. cit.,* p. 587, 589s

gamento propriamente dito (que faltou), mas pelo seu pagamento de regresso, nos termos dos arts. 48 e 49 (art. 47). Nessa altura, o portador não tem evidentemente que apresentar primeiro a letra a pagamento ao aceitante para accionar o seu avalista. Mas já seria difícil de compreender e absolutamente destituído de fundamento legal (cf. *supra* e *vid.* os arts. 1. 3.º, 27, 28 I, 38 e 9, 15 e 30 I, em confronto com os arts. 28 II, 43ss, 47ss, 53 – estes relativos à situação de *responsabilidade* resultante do não pagamento da letra por quem está indicado no título para o fazer) admitir-se que o avalista fosse obrigado solidário com o aceitante pelo próprio cumprimento da obrigação deste no vencimento (dentro da perspectiva dos partidários do aval fiança), ou obrigado a isso como se fosse um aceitante.

Por último, importa chamar a atenção para o facto de que, como já se fez alusão mais acima (n.ºs 27 e 29), o argumento do art. 45, vistas as coisas do modo que acabaram de expor-se, é destituído de qualquer valor; e o argumento histórico de que nos antecendentes do art. 53 se previa que a exclusão abrangesse também o avalista do aceitante mas que isso não passara para este preceito por se ter julgado desnecessário, já de si de valor bastante discutível se é que pode ser provado, perde também significado (cf. *infra,* cap. V).

32. *A posição do Prof.* FERRER CORREIA. – Como se viu no cap. III, o Prof. FERRER CORREIA é um dos partidários de que o aval não é uma fiança. E foi mesmo quem decisivamente contribuiu para que assim se entendesse. Viu-se também que, apesar disso, este autor continuou a defini-lo como uma obrigação de garantia da do avalizado – noção que, como também *cremos* já ter demonstrado, não é compatível com o art. 32 II/1.ª parte, além de representar uma interpretação forçada do art. 30 I –, o que explica (ao lado da sua autonomia) a sua acessoriedade. No seguimento desta ordem de ideias, o art. 32 I, que determina em que termos a posição do avalista se define, significa que «o avalista fica na situação de devedor cambiário *perante* aqueles subscritores em face dos quais o avalizado é responsável e na mesma *medida* em que ele o seja»([76]).

No que se refere à questão da necessidade ou não do protesto para poder accionar o avalista do aceitante, ela deve (precisamente) resolver-

---

([76]) *Lições cit.,* p. 204.

-se, também segundo este autor, confrontando o art. 53 com o art. 32 I, «donde decorre que a responsabilidade cambiária do avalista do aceitante se *mede* pela do próprio aceitante; *e não há motivo para considerar excluída desta medida a questão dos pressupostos* formais da responsabilidade. Tal, pelo menos, *o nosso parecer; mas não nos custa admitir que o ponto é duvidoso* »([77]). Não há aqui nenhum argumento novo. Já se viu atrás (n.ºs 2, 4, 7, 9, 15s e, sobretudo, 21) que a acessoriedade do aval entendido como obrigação de garantia da do avalizado não justifica a interpretação que é dada ao art. 32 I. E também já se criticou essa interpretação do ponto de vista de quem assim não entende o aval (cf. sobretudo o n.º 31). O que é de salientar é que este autor, embora se incline para a desnecessidade do protesto – facto a que não será estranha a sua concepção do aval –, claramente reconhece que a *questão é duvidosa*.

([77]) *Lições cit.*, p. 201 (p. 211s, na ed. de 1975).

CAPÍTULO V

A TESE DA NÃO NECESSIDADE DE PROTESTO PARA ACCIONAR O AVALISTA DO ACEITANTE

33. *A posição do Prof. PAULO CUNHA*. — Na nossa doutrina, foi o Prof. PAULO CUNHA quem com mais autoridade defendeu a tese da não necessidade de protesto para accionar o avalista do aceitante no domínio da L. U. ([1]).

Para este autor, como já se disse no cap. III, resulta do art. 30 que o aval garante o pagamento da letra; e esta disposição aparece num *contexto* diferente daquele em que a sua correspondente aparecia no código comercial, uma vez que o art. 32 II L. U. é a «antítese» do art. 336 § único do código. Assim, da Lei Uniforme, tendo em conta sobretudo este art. 32 II, resulta que, «se a nulidade da obrigação avalizada não destrói a obrigação do avalista, ...a obrigação do avalista é uma responsabilidade que *garante* ... o pagamento da letra e não constitui uma mera responsabilidade pelo pagamento da letra por parte de certa pessoa: o avalizado. *Responde-se objectivamente pelo pagamento da letra,* não se responde subjectivamente([2]), ou seja, pelo pagamento dela por parte da pessoa avalizada»([3]).

([1]) *Op. cit.,* p. 93ss(p. 96). Na doutrina estrangeira, manifestaram-se neste sentido (embora constituindo, como entre nós, doutrina minoritária): LENHOFF, *Einführung in das einheitliche Wechselrecht,* Viena 1933, p. 35; LOCHER, Das Recht der Wertpapiere, Tubinga 1947, p. 115 e 117; WIERS, *Das neue Wechselrecht,* Berlim 1934, p. 64 e 68; GÄHLER, *Die Einwendungen des Schuldners nach dem neuen Wechsel und Scheckgesetz,* Berlim 1935, p. 63; BRACCO, *La legge uniforme sulla cambiale,* Pádua 1935, p. 305s, nota 2; LARGUIER, *La notion de titre en droit privé,* Paris 1951, p. 236. Para a doutrina que já defendia esta posição nos direitos nacionais anteriores à Lei Uniforme, *vid.* PAULO SENDIN, *op. cit.,* II, p. 774, nota 219.

([2]) Cf. também STJ 267 BMJ, p. 150.

([3]) *Op. cit.,* p. 95.

E o disposto no *art. 53* é um reflexo ou manifestação desta independência do aval. Com efeito, se o aval fosse «uma obrigação puramente subsidiária, sendo o aval dado pelo aceitante e subsistindo a obrigação do aceitante, *ipso facto,* subsistia a obrigação do aval, mesmo sem protesto». Mas o art. 53 dispõe que só o aceitante perdura obrigado[4].

O *art. 32 I* tem o sentido de fixar perante quem é o avalista obrigado e, pagando, contra quem tem direito de acção[5] e interessa também para aspectos secundários como o de fixar quem deve dar os *avisos* a que se refere o art. 45([6]).

O aval é uma garantia cambiária que se traduz por uma obrigação subsidiária resultante de um negócio jurídico. Por isso, o conteúdo desta obrigação depende da vontade do avalista. Esta circunstância de o aval ser uma garantia voluntária distingue-o das *garantias* cambiárias *legais.* O sacador e os endossantes também são garantes do pagamento da letra. Mas são-no por força da lei (arts. 9 e 15). Assumem uma obrigação subsidiária solidária cuja fonte é a lei. Esta determina, efectivamente, que «todo aquele que tem intervenção em uma letra... (tem), ao lado da função específica que no título desempenha (a correspondente ao saque e endosso), responsabilidades em moldes de solidariedade pelo pagamento do crédito que o título incorpora»([7]). Decorre da natureza legal deste segundo tipo de garantias que, diferentemente do aval, «é a lei que demarca o conteúdo da obrigação e faz com que esta *nasça* logo que se verifica o acto jurídico que é o pressuposto da sua aplicação»([8]).

34. *Comentário.* – Como se vê, para este Professor, tanto os avalistas (independentemente de quem seja o avalizado), como o sacador e os endossantes, são – como a Lei Uniforme claramente o diz, aliás, (arts. 9, 15 e 30 I) – garantes do pagamento (pontual) da letra *em si* por quem tem em primeira linha que a pagar – o sacado – e são, portanto, responsáveis por isso. O não pagamento pontual da letra por quem a deve pagar no vencimento – o sacado – é, assim, um *pressuposto comum* dessa responsabilidade; e um mero corolário deste facto e do facto de a

---

[4] *Op. cit.,* p. 96.
[5] *Op. cit.,* p. 96s.
[6] *Op. cit.,* p. 99.
[7] *Op. cit.,* p. 103, 109ss.
[8] *Op. cit.,* p. 104, 110s.

Lei Uniforme exigir que o não pagamento seja, salvo convenção, comprovado por protesto (art. 44).

O facto de o aval ser uma garantia voluntária e a garantia do sacador e dos endossantes ser legal importa para a questão do conteúdo das garantias mas não para a questão dos pressupostos da responsabilidade dos garantes.

Finalmente, o art. 32 I teria, para este autor, no contexto em que se insere, (essencialmente) o sentido de definir a posição (passiva e activa) do avalista na relação obrigacional de regresso *que se constitua*. É de notar, no entanto, que tal como dos termos do saque e dos endossos depende a definição do conteúdo da garantia do sacador e dos endossantes, também dos termos da operação avalizada depende, em princípio, a definição daquilo que, em cada caso, o avalista garante: qual a *medida* ([9]) da sua garantia.

35. Revisão crítica da tese contrária pelo Dr. Carlos Pereira. — Outro autor que defendeu esta tese foi o Dr. CARLOS PEREIRA (em dúvida apresentada na sessão de 17.1.1944 do Instituto da Conferência da Ordem dos Advogados: "Perde ou não o portador da letra os seus direitos contra o avalista do aceitante por não ter feito o protesto atempadamente"?([10]).

O trabalho deste autor vale sobretudo pela análise que faz dos argumentos da tese contrária. Em síntese, faz os comentários seguintes([11]):

Quanto à tese do *aval-fiança*, sugerida pelo art. 32 I, ela é incompatível com o art. 32 II. Quanto à questão de saber se o avalista do aceitante é um *obrigado directo* e principal ou um obrigado de regresso, a corrente favorável à desnecessidade do protesto responde no primeiro sentido. Qual é, porém, o fundamento desta tomada de posição? Para além daqueles que não dão qualquer justificação, os autores baseiam-se essencialmente no art. 32 I: o avalista é obrigado "da mesma maneira" que o avalizado; como este é o obrigado principal (da letra), também o

---

([9]) A palavra é aqui empregue no seu sentido próprio e não no sentido amplíssimo e impróprio em que ela é usada por um ou outro autor.

([10]) 4 ROA (1944, n.ºs 1 e 2), p. 166ss (cf. n.ºs 3 e 4, p. 187, 192ss).

([11]) P. 173ss. É de notar que, embora a argumentação do autor seja de um modo geral pertinente, nem sempre utiliza conceitos e ideias coincidentes com aqueles que defendemos.

seria o seu avalista. E seria a partir deste pressuposto que se explicaria a não referência ao avalista na exclusão do art. 53 I: o legislador teria considerado que a exclusão do aceitante o abrangeria por reflexo. É, porém, de notar que o sacado se torna (sucedendo ao sacador)no obrigado principal da letra porque aceita a ordem de pagamento dela constante e dirigida a si. E é porque aceitou essa ordem que, se não pagar, o portador tem contra ele «une action directe résultant de la lettre de change...» (art. 28). Da lei não se retira que o seu avalista também seja um obrigado directo e principal como ele (cf. o art. 30 I com o art. 28). Só o aceitante o é. A tese contrária parte de um conceito de aval que não está na lei. O avalista do aceitante é, portanto, um obrigado de regresso. A corrente contrária retira mesmo do art. 32 I que o aval pelo aceitante tem a mesma natureza que o aceitante, que o avalista é um *co-aceitante*. E é por isso que não é necessário o protesto para demandar o avalista do aceitante. Mas o que o art. 32 significa é que o avalista é responsável cambiário, com responsabilidade formalmente dependente e com direitos de acção quando paga definidos pela operação avalizada. O art. 32 II contraria uma tal tese. E também a contraria o art. 30 I, ao admitir o aval parcial. (Esta disposição, nesta parte baseada numa proposta do Dr. CAEIRO DA MATA, foi assim justificada por este autor: «dans l'intérêt du commerce, il est nécessaire de laisser toute latitude à la volonté des parties; sans stipulation de conditions contraires, on doit permettre au donneur d'aval de limiter comme il entend ses obligations».) Destas disposições resulta não ser verdade a tese da RLJ e de outra doutrina no sentido de que a obrigação do avalista tem a mesma extensão e duração, depende dos mesmos pressupostos e está sujeita aos mesmos limites e condições que a obrigação do avalizado. Outro pressuposto em que assenta a tese contrária é o de que o art. 32 seria norma *especial,* devendo prevalecer perante a do art. 53. Mas essa especialidade não está demonstrada, devendo, aliás, observar-se que o direito de acção está especialmente regulamentado no cap. VII e, nomeadamente, nos arts. 43 e 53, e que os arts. 30ss são omissos sobre esta matéria. Quanto ao argumento *histórico,* ele também não tem valor, como o revela a história mais recente do art. 32([12]).

36. *Outros autores partidários da tese da necessidade do protesto.* Os outros autores partidários da tese da necessidade do protesto são, tanto

---

([12]) *Vid.* p. 190ss.

quanto é do nosso conhecimento, o Dr. MANUEL CASANOVA([13]) e o Dr. HUMBERTO LOPES([14]).

Um dos argumentos consiste em que a matéria das consequências da falta de protesto está regulada no art. 53, sendo «*forçar* muito o sentido do *art. 32* pretender-se ver nêle também regulamentada a posição jurídica do avalista no tocante à caducidade por falta de protesto». «Tal como sucede, noutras disposições, para os demais signatários, deverá igualmente entender-se que o art. 32 apenas define a obrigação do avalista considerada em si mesma»([15]).

O outro argumento (do Dr. CASANOVA) tem a ver com a *função do protesto*. Este tem como função comprovar – em atenção a certos interesses práticos – a recusa de pagamento no vencimento (arts. 43 e 44). Ele só se justifica e justifica-se sempre que a obrigação daquele que se pretende accionar depender da prévia recusa desse pagamento. A questão consiste, assim, em saber se o avalista do aceitante é ou não obrigado a pagar a letra independentemente de o pagamento dela ter sido ou não previamente exigido ao aceitante e recusado. «Ora parece que a letra tem que ser apresentada ao pagamento do aceitante, sem o que também o seu avalista não será obrigado a pagá-la. Embora um tanto difícil de demonstrar, esta ideia ressalta através de tôda a Lei Uniforme»([16]).

Cremos serem perfeitamente pertinentes estes argumentos, que são aqueles nos quais a questão se centra. No que se refere ao primeiro, é de notar, com efeito, que a interpretação que estes autores fazem do art. 32 I é pelo menos tão legítima como a que dela fizeram os autores da tese contrária e é a que efectivamente permite uma interpretação harmónica de todas as disposições que com ela se relacionam ou foram relacionadas (cf. *supra;* e o cap. seg.).

Quanto ao segundo, tem igualmente razão o Dr. CASANOVA naquilo que afirma. E, se não o demonstra, não é menos verdade que os partidários da tese contrária afirmaram, mas também não demonstraram que obrigados de regresso devessem ser os «dadores de ordem» e os seus avalistas e obrigados directos os demais. Teria sido pelo menos mais lógico utilizar como critério aquele que seguimos acima: são obrigados

---

([13]) 4 ROA (n.ºs 3 e 4), p. 188ss.
([14]) *Da extinção da fiança, in* 24 JF (1960), p. 286.
([15]) M. CASANOVA , p. 188; cf. A. LOPES, p. 286.
([16]) M. CASANOVA, p. 189.

de regresso os garantes do pagamento da letra e é obrigado directo quem está nela indicado para a pagar (e prometeu fazê-lo) e a quem ela deve legalmente ser apresentada pelo portador no vencimento para o efeito (cf. *supra,* n.º 31, para a demonstração em falta).

37. *Ecos desta doutrina na jurisprudência*. – Com argumentação baseada em parte numa concepção da letra que não perfilhamos mas com o mérito de acentuar, por um lado, as diferenças que existem entre a L. U. e o C. Com. e, por outro, que a verdadeira função do aval não é a de garantir a obrigação do avalizado mas a do próprio pagamento da letra, também alguma jurisprudência se manifestou no sentido desta tese. É o caso, nomeadamente, dos acórdãos da Relação de Lisboa de 7.10.1939([17]) e de 11.1.1941([18]). A argumentação é essencialmente a seguinte:

No domínio da Lei Uniforme, o avalista «garante, não apenas a responsabilidade restrita ao aceitante ou ao sacador, mas a lata responsabilidade do pagamento da letra». «É que o avalista, embora dê o seu aval pelo sacador ou pelo aceitante, assume, por este facto, uma muito lata responsabilidade, qual a do pagamento da letra precisamente como todos os demais signatários dela, não estando essa responsabilidade apenas adstrita à do aceitante ou do sacador. E assim se explica que a sua sorte esteja restrita e necessariamente ligada à sorte da pessoa que avalizou...»([19]).

Por outro lado, o art. 53 L. U., ao contrário do art. 314 § 5 C. Com. (que omitia qualquer referência aos avalistas), faz depender o direito de acção do portador contra todos os co-obrigados (note-se que a lei diz «*os outros co-obrigados*», o que significa todos os restantes e não, como quis fazer crer alguma doutrina, apenas alguns) à excepção do aceitante.

Como observação final, deve salientar-se o facto de que a doutrina e a jurisprudência que defendem esta tese têm pelo menos o mérito de interpretar e aplicar a Lei Uniforme em si mesma, em vez de solucionar os casos com base em concepções doutrinais em grande parte tributárias do direito anterior – com referência a alguns preceitos daquela lei, adaptados a elas.

([17]) 53 GRL (1939-40), p. 228ss, com anot. desfavorável.
([18]) 54 GRL (1940-41), p. 377s. Cf. também, na jurisprudência recente, o voto de vencido do Sr. Conselheiro TINOCO DE ALMEIDA, 375 BMJ, p. 402.
([19]) RL 7.10.39, 53 GRL, p. 229.

CAPÍTULO VI

CONCLUSÕES DA ANÁLISE DA TESE DA DESNECESSIDADE DO PROTESTO. DEFESA DA TESE CONTRÁRIA.

38. *Conclusões da análise da tese defendida pela doutrina e pela jurisprudência dominantes.*

A –*A tese da desnecessidade de protesto no domínio do código comercial de* VEIGA BEIRÃO

1. No domínio do código comercial de 1888, a tese da desnecessidade do protesto para accionar o avalista do aceitante era praticamente incontestada.
2. Esta tese apoiava-se nos seguintes pressupostos:

   1.º No seguimento da doutrina que já vinha do código comercial de 1833, o aval era visto como uma obrigação de garantia do cumprimento da obrigação do avalizado. O avalista era considerado um fiador, garantindo pessoalmente dívida alheia.
   2.º Desta natureza do aval decorria uma relação de dependência ou acessoriedade da obrigação do avalista relativamente à obrigação principal garantida.
   E esta acessoriedade era entendida no sentido de uma comunhão de sorte do avalista e do seu avalizado.
   3.º O art. 314 § 5 do C. Com., ao regular as consequências da falta do protesto de letra não paga no seu vencimento, referia-se apenas ao sacador e endossantes, por um lado, e ao aceitante, por outro –) que podia ser e era efectivamente entendido como ur la confirmação de que o avalista tinha a mesma sorte do avalizado.
   (Cf., em especial, cap. II e IV A).

3. O primeiro pressuposto, se bem que de acordo com a tradição, não era forçoso e representava mesmo uma interpretação da lei que os seus termos não continham (cf. n.º 8).
4. O segundo pressuposto depende do primeiro. A acessoriedade é uma consequência do facto de se entender o aval como uma (obrigação de) garantia do cumprimento da obrigação do avalizado. O seu valor depende, portanto, de que se aceite o primeiro.
5. Mas, mesmo admitindo a tese do aval-fiança, o conceito de acessoriedade utilizado não podia ser considerado como um corolário desta sua natureza (cf. n.ºs 2, 4, 7 e 9; e ainda 15s e 21).

    A acessoriedade em sentido técnico traduz-se numa relação de *dependência* da garantia relativamente à obrigação garantida, que tinha no art. 336 § único C. Com. a sua principal manifestação. A sua *ratio* ou fundamento está em que a obrigação de garantia tem precisamente como função assegurar o cumprimento da obrigação garantida. Ora a necessidade ou não de protesto para a obrigação de garantia ser eficaz não tem nada a ver com essa função e essa relação de dependência. É uma questão relativa aos pressupostos próprios de eficácia da obrigação do avalista, enquanto que a questão da acessoriedade (mesmo dando a esta o sentido amplo acima referido) é relativa a uma obrigação de garantia em si mesma válida e eficaz. É um critério do seu conteúdo e um teste específico, suplementar, à sua validade e eficácia.
6. O conceito de acessoriedade utilizado era, assim, um conceito impróprio que tinha como único fundamento possível (mas não forçoso) o art. 314 § 5 C. Com..

B – *A tese da desnecessidade de protesto no domínio da Lei Uniforme* (cf. cap. IV B e C)

7. A Lei Uniforme afasta-se significativamente do direito anterior. Com efeito, o art. 53 I, correspondente ao art. 315 § 5 C. Com., engloba os avalistas na expressão «os outros co-obrigados» não podendo, portanto, servir de fundamento ao conceito de acessoriedade utilizado no direito anterior. Por outro lado, o art. 32 II/1.ª parte contém uma

norma oposta à do art. 336 § único C. Com. e, negando a principal manifestação da acessoriedade *própria* dos institutos das garantias pessoais do cumprimento de obrigação alheia, é o próprio fenómeno deste tipo de garantias e a inerente acessoriedade que são postos em causa.

Isto significa o desaparecimento dos pressupostos em que a doutrina se baseava, no domínio do direito anterior, para defender a tese da desnecessidade de protesto para accionar o avalista do aceitante.

8. Apesar disso, a doutrina e jurisprudência maioritárias continuaram a defender essa tese.
9. A questão não foi equacionada face aos próprios termos da Lei Uniforme. A intenção confessada da doutrina foi a de demonstrar que não havia razões para alterar a tradição que vinha do direito anterior.

E, por isso, em vez de interpretar os artigos da nova lei de acordo com os seus termos e o sistema em que se integram, deu-lhes um sentido que convinha que eles tivessem para atingir esse objectivo (cf. n.ºs 8 e 29ss).

10. A disposição que está no centro de toda a argumentação da doutrina dominante é o art. 32 I. Para essa doutrina, este artigo significa, não só que a obrigação do avalista se encontra numa relação de dependência ou acessoriedade propriamente dita relativamente à obrigação do avalizado – excepto no que se refere à sua validade –, mas também que não depende de pressupostos próprios de eficácia. Os seus pressupostos são os da obrigação avalizada. E, como o art. 53 I não faz depender de protesto o direito de acção do portador contra o aceitante, o protesto não é um pressuposto do direito do portador contra o seu avalista, devendo fazer--se interpretação correctiva do art. 53.
11. A principal se não mesmo a única justificação para esta interpretação do art. 32 I é a que decorre para alguma doutrina do facto de se considerar o aval ainda como fiança ou, de qualquer modo, como obrigação de garantia da obrigação avalizada. A matéria dos pressupostos da obrigação do avalista estaria no domínio da sua acessoriedade relativamente à obrigação avalizada. Mesmo a RLJ, que na sua concepção do aval parece inspirar-se no pensamento de

THÖL([1]) – longe, portanto, pelo menos aparentemente, da concepção do aval como obrigação de garantia da obrigação avalizada –, considera reflectir o art. 32 I a ideia da fiança.

12. Mas considerações de outro tipo são também feitas para justificar a tese da desnecessidade do protesto face ao avalista do aceitante.

Assim, complementarmente àquela interpretação do art. 32 I, alguma doutrina afirma o seu carácter especial e baseia nessa especialidade a sua prevalência sobre o art. 53 I.

Outra pretende que a L. U. para romper com a tradição teria que o fazer de forma clara e inequívoca, o que não seria o caso.

Argumenta-se ainda que a história do art. 53 revelaria que a supressão da referência expressa ao avalista do aceitante que se encontra nos antecendentes deste preceito ficara a dever-se ao facto de ser desnecessária.

E, finalmente, esta tese seria confirmada pelo art. 45.

13. Diz-se ainda que, em virtude do art. 32 I, o avalista do aceitante seria, como este, um obrigado directo – sendo responsável, dado o carácter solidário da sua obrigação, perante o portador mesmo independentemente de este apresentar a letra a pagamento ao aceitante.

E, se isto é assim, pode argumentar-se ainda que, destinando-se o protesto a comprovar a recusa de pagamento pelo sacado, ele não faria sentido relativamente ao avalista do aceitante, obrigado como este independentemente mesmo da apresentação da letra.

14. E diz-se também que, se o credor de uma obrigação afiançada, sendo a obrigação do fiador solidária com a daquele que garante, não tem que provar o não pagamento (pontual) do devedor principal para accionar o fiador, o mesmo deverá passar-se com o avalista.

([1]) Sobre a concepção deste autor, *vid.* PAULO SENDIN, *op. cit.,* II, p. 765s.

C – *Crítica da tese da desnecessidade de protesto no domínio da Lei Uniforme*

15. Pode afirmar-se que o valor desta tese depende essencialmente de ser justificada ou não a interpretação do art. 32 I em que ela assenta (cf. os n.ºs 8, 19, 25s, 28, 29, 31 e 34). Ora nenhuma razão convincente foi dada para interpretar este preceito nos termos em que a doutrina dominante o fez. Com efeito, para além de ser inaceitável – face ao art. 32 II e ao art. 30 I interpretado à luz do sistema da lei e de acordo com os seus próprios termos – a noção do aval-garantia da obrigação avalizada, o conceito de acessoriedade utilizado pela doutrina não tem nada a ver, como já se salientou (38.5), com a relação de acessoriedade que caracteriza as obrigações de garantia de obrigação alheia. Se se quer justificar o art. 32 I com base na acessoriedade obrigacional da garantia do aval e considerar que a matéria dos pressupostos está sob o império dessa acessoriedade, é importante que se veja que isso é o mesmo que dizer que a obrigação do avalista *depende* dos pressupostos da obrigação avalizada mas no sentido de que estes *condicionam* a sua validade e eficácia. E é igualmente importante notar-se que o art. 32 II contraria aquele resultado da interpretação do art. 32 I de acordo com a ideia da acessoriedade obrigacional.

    Acresce ainda que dos termos do artigo só resulta que ele contém uma norma sobre o *conteúdo* da obrigação do avalista, diz *como* este responde e não *quando* este responde. Esta matéria dos pressupostos *ou* condições da *responsabilidade* dos subscritores de letra de câmbio – que existe quando há recusa de pagamento pontual do título por quem está nela indicado para a pagar – está regulada quanto a todos eles (incluindo o aceitante) no cap. VII, arts. 43ss (mas cf. também o art. 28 II).

16. Quanto à pretensa especialidade do art. 32 I relativamente ao art. 53 I, é de notar que ela também foi simplesmente afirmada e não demonstrada; e, de qualquer forma, só é compreensível partindo do pressuposto não demonstrado de que o art. 32 regula especificamente a matéria dos

pressupostos do aval *no sentido* já criticado acima (38.15; cf. n.ºs 28, 31 e 35).
17. Quanto ao argumento de que L. U. não revela claramente o propósito de romper com a tradição, basta confrontar os art.s 336 § único e 314 § 5 C. Com. para ver as profundas diferenças que existem entre o direito uniforme e o direito anterior (cf. n.ºs 27s, 33).
18. O argumento histórico é, neste caso, pouco significativo, tanto mais que o facto de não ter passado para o texto do art. 53 uma referência expressa ao avalista que existia nos seus antecedentes também pode ser interpretado no sentido de que não se quis tomar posição ou se quis mesmo consagrar a tese contrária (cf. n.ºs, 27, 31, 35).
19. Também o argumento do art. 45 é de pouco significado, já porque o instituto do protesto tem primazia sobre o dos avisos, já porque bem pode percorrer-se o caminho inverso ao da doutrina e interpretar-se o art. 45 no sentido de que o aceitante deve avisar o seu avalista sob pena de poder responder perante ele (cf. n.ºs 27, 29 e 31).
20. Bem mais significativo é o facto de que os partidários da tese da desnecessidade do protesto face ao avalista do aceitante se vêem obrigados a corrigir, não só a interpretação do art. 53 I, mas também a dos arts. 43, 46, etc. (cf. n.ºs 29 e 31).
21. E, dentro deste campo dos argumentos formais, é importante notar-se o seguinte. Se se entende que no art. 53 se omitiu uma referência ao avalista do aceitante porque escusada em face do art. 32 I, que regularia especialmente a matéria dos pressupostos da responsabilidade do avalista, o mesmo deverá suceder quanto a todos os demais avalistas—uma vez que não pode admitir-se dispor o art. 32 I apenas sobre o avalista do aceitante. Mas quem são então «os outros co-obrigados» a que se refere o art. 53? (E cf. também os arts. 43ss.)
22. Finalmente, no seguimento da interpretação dada ao art. 32 I, resultaria que os avalistas do sacador e dos endossantes seriam como estes obrigados de regresso enquanto que o avalista do aceitante seria obrigado directo, obrigado perante o portador independentemente de este apresentar ou

não a letra a pagamento ao aceitante. Mas esta consequência lógica do pensamento da doutrina subjacente à tese da desnecessidade do protesto face a este avalista é *contra legem* e este facto revela que ela é insustentável (cf. os n.ºs 19, 24, 29, 31 e 36; e *infra*, 39).

Com efeito a lei faz uma distinção clara entre, por um lado, a *obrigação* do aceitante da ordem de pagamento nela contida de a pagar no vencimento, decorrente do seu acto de aceite (art. 28 I), que coexiste com a *garantia* desse pagamento assumida voluntariamente pelos avalistas (art. 30 I) e legalmente decorrente do saque e dos endossos (arts. 9 e 15), e, por outro, a *responsabilidade* de todos os subscritores, incluindo o aceitante, pela recusa de pagamento (que pressupõe a apresentação pontual da letra pelo portador ao sacado para a pagar). Não havendo recusa de pagamento porque o portador nem sequer cumpriu o ónus de a apresentar a pagamento a quem estava indicado no título para o fazer, do título só resulta a obrigação do aceitante. Os garantes do pagamento não são obrigados a cumprir a obrigação do aceitante em vez dele e, mesmo que assim se entendesse no caso do avalista do aceitante (dentro da teoria do aval-garantia da obrigação avalizada), essa sua obrigação dependeria da *recusa* de pagamento do obrigado principal. Só estaria, então, em causa saber se essa recusa deverá admitir, em princípio, como único meio de prova contra o avalista do aceitante o protesto ou não (cf. *infra*, 38. 23).

(Isto só não seria assim dentro da tese de que do art. 32 I resultaria que o avalista é uma espécie de co-aceitante, co-sacador, etc..., assumindo uma posição cambiária igual e paralela à destes. Mas nesta tese o avalista do aceitante não seria um mero garante do pagamento da letra, contra o que dispõe o art. 30 I([2]).

23. Quanto ao argumento de que o credor não precisa de provar a *não satisfação* do seu crédito garantido por fiança pelo devedor principal, é de notar que, por um lado, o *direito de*

([2]) Cf. PAULO SENDIN, *op. cit.,* II, p. 728ss, 735s.

acção do credor contra o fiador pode ter como *pressuposto o não* pagamento pontual imputável ao devedor principal, e, por outro, sendo esse o caso, o fiador deve, pelo menos, poder provar que esse pressuposto não se deu. Cabendo em princípio ao portador da letra apresentá-la – no tempo do vencimento – ao sacado (aceitante), no domicílio deste, para que a pague – e dado o disposto nos arts. 43ss –, o invocado paralelismo com a fiança só existiria na hipótese acabada de considerar.

Ora relativamente ao avalista do aceitante, para além de se querer fazer crer que o portador tem sempre contra ele um direito independente daquele pressuposto material, nega-se-lhe a própria possibilidade de opor ao portador que ele não cumpriu o ónus de apresentar a letra a pagamento no tempo em que ela era pagável.

E, quanto ao ónus de prova da recusa de pagamento, razões de segurança que o legislador considerou ponderosas relativamente aos demais garantes valem para ele (cf. n.ºs 5 e 22).

De qualquer forma, este argumento só seria de considerar dentro dos quadros da concepção do aval-fiança, hoje, pelo menos formalmente, abandonada (n.ºs 12ss) e incompatível com a L. U. (n.ºs 14ss e 19; cap. V).

24. Em síntese, a doutrina dominante, não só não observou as regras gerais de interpretação das leis ao determinar o sentido dos preceitos da Lei Uniforme, como também não demonstrou que o art. 53 I devesse ser corrigido em resultado da sua conjugação com o art. 32 I, porque dá a esta disposição um sentido amplíssimo, que não cabe nos seus termos, sem qualquer justificação para o fazer ou fazendo--o com base num conceito de acessoriedade impróprio mesmo nos quadros da concepção do aval-fiança.

Como salientou a doutrina contrária, e em particular o Prof. PAULO CUNHA, o avalista do aceitante é, como os demais, um garante do pagamento da letra (art. 30 I), responsável como eles no caso de este ser recusado, nos termos dos arts. 43ss. O art. 53 I é um corolário desta concepção do aval resultante da Lei Uniforme.

39. *O aval como garantia do pagamento pontual da letra por quem está indicado no título para o fazer*. *O portador de letra aceite e não protestada (não tendo sido o protesto dispensado) não é titular de qualquer direito contra o avalista do aceitante porque a responsabilidade deste não se constituiu.*

1. A *letra* é essencialmente um título pelo qual um determinado indivíduo (sacador) dá a outro (sacado) com quem tem normalmente relações de carácter económico uma *ordem de pagar* a alguém ou à sua ordem determinada quantia nele indicada, numa determinada época e lugar de pagamento (L. U., art. 1; cf. arts. 2 a 5). A letra titula, portanto, essencialmente, uma ordem de pagamento assinada pelo sacador (ou dador de ordem) e dirigida a um destinatário nela indicado para a pagar no tempo e lugar do pagamento (sacado).
2. A letra é pagável em determinados *termos,* isto é, numa dada *época de pagamento* (art. 1.4.°; cf. 2 II, 33ss, 38, 40s), *mediante apresentação do título pelo portador* (art. 38; cf. 33, 34, 40, 46 II e 59) *a quem está nele indicado* para o fazer – o sacado (art. 1.3.°; cf. arts. 21ss, 27, 39, 40, 45ss; 55, 65) –*no lugar* em que é para ser paga (art. 1.5.°; cf. arts. 2 III, 4, 27, 56 II) e por uma *determinada soma* (art. 1. 2.°; cf. arts. 5s, 39, 41s). *Este pagamento* é o pagamento propriamente dito ou pagamento da letra, e *significa o cumprimento pontual da ordem de pagamento* dela constante nos termos em que essa ordem está titulada([3]).
3. Aquele que está indicado na letra como destinatário da ordem de pagamento (o sacado), pode, em princípio, antes do vencimento, *aceitar cumprir essa ordem* subscrevendo no título uma declaração cambiária de aceite (arts. 21s, 24s). O sacado pode aceitar cumprir a ordem de pagamento que lhe é dada apenas em parte (art. 26 I). Qualquer outra declaração de aceite que não respeite os termos em que a ordem de pagamento está titulada é ineficaz como aceite da letra (art. 26 II). Da declaração de aceite decorre a *obri-*

([3]) Cf. n.°s 3, 8, 15ss, 19, 29, 31; e Paulo Sendin, *op. cit., I,* p. 29ss, 317ss (329).

gação de cumprir aquilo que se aceitou, isto é, de pagar a letra no seu vencimento (art. 28 I), quer essa declaração valha como aceite quer não (art. 26 II). A letra pode também ser aceite por *interveniente* (sacado de recurso), ficando este igualmente *obrigado* a pagá-la por honra dos beneficiários desta garantia (cf. arts. 55ss).

Com a declaração de aceite, o teor do título, se ela vale como aceite, passa a conter, em vez de uma simples ordem de pagamento, uma ordem de pagamento aceite, de que o seu portador é beneficiário; e complementarmente, valha ou não essa declaração como aceite, passa também a conter um *direito* ao pagamento da soma aceite contra o seu autor. Trata-se de um verdadeiro direito de crédito – a que corresponde a obrigação de pagar do aceitante –, que se vence no vencimento da letra (28 I), e que perdura enquanto não for satisfeito (cf. o art. 42) ou não prescrever. (Para o caso de se constituir o regresso, cf. *infra* .)

É de notar que uma letra aceite não muda de natureza. Ela não deixa de ser essencialmente uma ordem de pagamento. O aceite é um seu complemento eventual (se bem que corrente; mas cf. o art. 22 II e a Lei Uniforme relativa ao cheque – título com estrutura basicamente idêntica à da letra –, art. 4). Com o aceite, o portador passa a ser beneficiário de uma ordem de pagamento aceite. Mas isso não lhe garante o seu efectivo cumprimento, isto é, o pagamento da letra propriamente dito. O sacado, apesar de aceitar, pode recusar esse pagamento([4]).

4. Um título assim concebido, aceitável ou não, aceite ou não, é criado para circular durante o seu tempo de vida: cumpre a sua função sócio-económica típica – razão de ser da sua existência e do seu regime – circulando. O sacador emite a letra para a utilizar como meio de pagamento, para a descontar, para a dar em garantia...; cria um valor de *troca*. Quem «aceita» receber uma letra como meio de pagamento ou descontá-la é porque confia em que a ordem de pagamento que ela contém – aceite ou não – será pontu-

---

([4]) Sobre o significado do aceite, vid. Paulo Sendin, *op. cit.*, I, p. 9s, 20ss; II, p. 587ss.

almente cumprida, isto é, nos termos, em que está titulada, mediante simples apresentação do título ao sacado (cf., *supra,* 39.2). Mas corre sempre o risco de que tal não venha a acontecer e por isso a lei constitui o emitente do título em garante desse cumprimento, ou seja, do pagamento da letra (art. 9). A letra é considerada por quem a recebe como um bem ou valor de troca no pressuposto de que será paga à simples apresentação pontual do título. A garantia daquele a quem ela é como tal «aceita» é, portanto, simultaneamente uma garantia de que ela será paga e de que tem efectivamente o valor de troca em atenção ao qual foi transaccionada.

São igualmente garantes do pagamento da letra os *endossantes,* que dela se aproveitam em termos semelhantes àqueles em que o faz o sacador (art. 15).

É de notar que o sacador e os endossantes são garantes do pagamento da letra, não porque sejam dadores da ordem de pagamento constante do título, mas porque utilizam este como *valor de troca* – e, no caso dos endossantes, só se estes não se exonerarem dessa garantia (art. 15). A sua garantia é semelhante à que assume quem transmite onerosamente um bem ou um direito. Eles garantem que a letra é efectivamente o bem ou valor de troca que pretendem que o seu endossado (ou tomador) veja nela, ou, noutros termos, o cumprimento pontual da ordem de pagamento à simples apresentação do título, que é seu pressuposto.

5. O (valor de) *mercado* da letra depende da maior ou menor confiança que o título inspire aos seus potenciais adquirentes quanto à verificação, no seu vencimento, do resultado normal e esperado do acatamento pelo sacado da ordem de pagamento nele contida à sua simples apresentação pelo portador.

O sacador antes de a lançar na circulação pode obter do sacado o aceite da ordem de pagamento que lhe dá. Mas pode ainda – sobretudo se o seu conhecimento do sacado--aceitante não é de molde a inspirar-lhe suficiente confiança no seu pagamento pontual, apesar do aceite – solicitar ou impôr ao sacado, como condição para a realização de uma eventual operação a crédito com este, que ele apresente um terceiro em quem possa confiar e que venha com a sua assinatura garantir que a ordem de pagamento constante da letra, *porque* aceite, será cumprida pelo sacado no vencimento à simples apresentação do título.

E o mesmo podem fazer o tomador ou primeiro endossado relativamente ao sacador e os demais endossados relativamente aos seus endossantes. Um terceiro relativamente ao saque ou a uma operação de endosso virá então com a sua assinatura garantir ao tomador ou endossado que a ordem de pagamento constante a letra, *porque* sacada ou endossada e enquanto sacada ou endossada, será cumprida pelo sacado no vencimento à simples apresentação do título.

Esta garantia é o aval (art. 30 I). O avalista *garante* voluntariamente com a sua assinatura o mesmo resultado que o sacador (cuja garantia é um efeito necessário do saque) e os endossantes (cuja garantia é um efeito natural do endosso) legalmente garantem e que o sacado "promete" com o seu aceite.

O avalista garante, assim, o pagamento pontual da letra. Um confronto do art. 30 I com os arts. 9 e 15, por um lado, e com os artigos dos quais se retira a noção de "pagamento da letra" (cf. supra 39.2) não pode deixar dúvidas quanto a isto. (Acresce que o art. 32 II afasta a outra hipótese interpretativa que seria a de considerar o avalista como garante do cumprimento da própria obrigação do avalizado.)

E, *porque* garante esse pagamento fundado na confiança que lhe inspria a assinatura daquele por quem dá o seu aval, a operação avalizada é a medida máxima da sua garantia e, dentro dos seus limites, o critério natural (cf. 30 I) de medida desta (implícito no art. 32 I). E também são destinatários e beneficiários da sua garantia os destinatários da operação avalizada (implícito no art. 32 I).([5])([6]).

6. Do teor da letra, quando chega ao tempo em que é pagável, pode, assim, resultar, além da ordem de pagamento sub-

---

([5]) Sobre o valor patrimonial da letra, vid. PAULO SENDIN, op. cit., p. 8ss.
([6]) Sobre o significado e função da garantia do aval, vid. PAULO SENDIN, op. cit., I, p. 28; II, p. 721ss, 940ss.

scrita pelo sacador e da correspondente *garantia* deste de que ela será cumprida nos termos em que está titulada (art. 9), o aceite dessa ordem pelo seu destinatário(arts. 21ss) e a correspondente *obrigação* de a acatar nos termos em que está titulada e aceite (art. 28 I; cf. o art. 26), um ou vários endossos e as correspondentes garantias dos endossantes de que a ordem de pagamento constante do título será cumprida nos seus termos, e, finalmente, as *garantias* desse cumprimento, em termos correspondentes aos da operação avalizada, directa e voluntariamente constituídas pelos avalistas. O sistema da lei é claro. A letra é uma ordem de pagamento dirigida a uma pessoa determinada nela indicada para efectuar esse pagamento num dado tempo e lugar à simples apresentação do título— o sacado. Esta pessoa, se aceita cambiariamente esta incumbência, *obriga-se* a fazer aquilo que aceitou. Os demais subscritores da letra *garantem* que essa ordem será pontualmente cumprida, isto é, que a letra será paga no vencimento. Dito de outra forma, o sacado *obriga-se,* em resultado do seu aceite, *a não recusar o pagamento que lhe for solicitado* pelo portador do título *no tempo do vencimento* e no *lugar do pagamento.* O sacador, os endossantes e os avalistas *garantem* ao portador que o sacado, *sendo-lhe apresentada* a letra *no tempo e no lugar em que é pagável, não recusará o seu pagamento,* isto é, não se recusará a cumprir a ordem que por ela o sacador lhe dá.

Sendo a letra efectivamente paga, o resultado cuja produção o sacado «prometera» como seu aceite e o sacador, endossantes e avalistas garantiram confirma-se e a letra morre.

7. Mas pode dar-se o caso de a letra *não ser apresentada* pelo portador ao pagamento do sacado *no tempo* (e no lugar) *em que ela é pagável.* Neste caso, o seu pagamento não ocorre mas também não é recusado.

 O portador (cf. o art. 42) continua titular de um documento contendo um direito de crédito *(pela importância mencionada no título e aceite)* sobre o aceitante (ou aceitantes) — art. 28 I (cf. arts. 55ss) — ou sobre quem, não tendo eficazmente aceitado a letra, assumiu, apesar disso, com uma sua declaração de aceite, a obrigação de a pagar (art. 26 II; e cf. também o art. 29). As garantias, porém – que eram garantias de que a letra seria paga *no tempo* do vencimento *à apresentação do título* –,extinguiram-se. Elas eram garantias do pagamento da letra dentro de determinado condicionalismo que o portador não aproveitou.

8. Mas *quem garante* que a letra é pagável no tempo e lugar do pagamento por quem está nela indicado para a pagar à simples apresentação do título *torna-se responsável,* perante o portador (e demais beneficiários da sua garantia), pelo não pagamento que ocorra dentro desse circunstancialismo, isto é, *pela recusa de pagamento* que eventualmente se dê – desde que o portador faça *"comprovar"* pontualmente por protesto([7]) essa recusa (art. 43s).

E o próprio sacado que, tendo aceite a ordem de pagamento constante da letra, se *recusou* a cumpri-la (isto é, não pagou a letra que lhe foi apresentada para o efeito no tempo e no lugar em que era pagável) é *igualmente responsável* por essa recusa (art. 28 II; cf. 43ss) – sem ter o portador que provar contra si, *por protesto,* o não pagamento, uma vez que, pela natureza das coisas, ele já sabe que não o fez.

A letra está, estão, definitivamente *não paga,* isto é, o cumprimento da ordem de pagamento dela constante deixou de ser possível (cf. os arts. 1.3.º a 5.º, 28 II, 43s, 48 e os n.ºs, 8, 19 e 31). O título protestado é, então, representativo de uma *relação obrigacional de regresso,* que abrange todos os responsáveis pelo não pagamento ocorrido, nos termos dos arts. 47ss([8]).

9. Consequente com o que acaba de expor-se, o *art. 53 I* dispõe que o portador de letra não protestada apenas tem direito de acção contra o aceitante (nos termos da sua obrigação de pagar (28 I; cf. 26 II) ou nos da sua responsabilidade pelo não pagamento (cf. 28 II, 43ss) – que é quem

---

([7]) Sobre o significado e função deste, *vid.* PAULO SENDIN, *op. cit.,* I, p. 31ss; II, p. 677ss.

([8]) Sobre o significado e função do regresso e a distinção entre o pagamento da letra e o pagamento de regresso, *vid. PAULO SENDIN, op. cit.,* I, p. 20ss, 329; II, p. 625ss, 657s.

estava incumbido de a pagar e aceitara essa incumbência –, mas não contra os garantes do seu pagamento, contra quem ele não tem (legalmente) meio de provar que a recusa se deu.

O avalista do aceitante está na mesma posição dos demais garantes do pagamento da letra. Ele garantiu como os outros ao portador que a letra lhe seria paga no tempo e no lugar do pagamento pelo sacado-aceitante à simples apresentação do título e, portanto, assumiu a responsabilidade por uma eventual recusa desse pagamento. Mas uma tal responsabilidade não se constitui com a simples ocorrência desse facto. É necessário ainda que o portador possa prová-la pelo meio de prova admitido na L. U. – o protesto. Razões de segurança justificam a exigência desta formalidade face a quem não tem, pela natureza das coisas, um conhecimento rápido e seguro de que a letra não foi paga – isto é, face a quem não está nela indicado para a pagar e a quem ela não deve, portanto, ser apresentada para o efeito. E estão neste caso todos os garantes, incluindo o avalista do aceitante.

10. Uma vez verificados estes pressupostos de que depende a *efectiva constituição* da relação obrigacional de regresso, *apurado que um avalista pode ser responsável pelo não pagamento* que ocorreu da letra (cf. também o art. 32 II/2.ª parte), põe-se ainda a questão de saber em que termos ele vai responder, qual o *conteúdo* da responsabilidade[9]. A essa questão dá resposta o art. 32 I: o avalista responde perante os destinatários da operação avalizada – que foram também os da sua garantia – pela recusa de pagamento ocorrida e comprovada, salvo convenção em contrário (art. 30 I), na medida do valor tipicamente[10] correspondente à operação avalizada.

---

[9] E põe-se também a questão de saber se esta responsabilidade passa no teste do art. 32 II/2.ª parte. Cf .PAULO SENDIN, *op. cit.,* II, p. 870ss.

[10] Sobre o conceito de «acessoriedade típica» do aval, *vid.* PAULO SENDIN, *op. cit.,* II, p. 819ss, cf. 781ss; e ROSSI, *L`avallo come garanzia cambiaria tipica,* Milão 1962.

Isto é assim porque, como se disse acima, o avalista, embora constitua uma garantia do pagamento da letra directa e autónoma, garante esse pagamento *baseado* na declaração cambiária e no seu conhecimento pessoal do avalizado. A operação avalizada é por isso a medida máxima e o critério natural de medida da sua garantia ([11]).

11. Como se vê, a questão dos pressupostos cambiários gerais da responsabilidade do avalista está regulada na Lei Uniforme fora do capítulo relativo ao aval. Só uma vez verificado que o avalista pode ser em geral responsável pelo não pagamento da letra é que tem interesse ver se ele é efectivamente responsável (art. 32 II) e qual a medida ou conteúdo da sua responsabilidade (32 I).

    A questão do protesto surge no primeiro momento, isto é, logicamente antes de se analisar a relação que existe entre o aval e a operação avalizada à luz das disposições dos arts. 30ss([12]).

12. Temos, assim, que o avalista do aceitante, como qualquer outro garante do título, só *responde* pela falta de pagamento da letra pelo sacado-aceitante (isto é, pela falta de cumprimento por este da ordem de pagamento aceite, dela constante) que ocorre quando ela é apresentada a este para o efeito na época do pagamento; e desde que tal facto se comprove por protesto. É o que resulta claramente da interpretação da Lei Uniforme logo que se ponham de lado concepções doutrinais que poderiam ajustar-se aos direitos nacionais anteriores a ela mas não à regulamentação que ela estabelece.

([11]) *Vid.* PAULO SENDIN, *op. cit.,* II, p. 721ss; 733s, 736ss e 784ss.

([12]) Para maiores desenvolvimentos quanto à matéria do aval pelo aceitante, *vid.* PAULO SENDIN, *op. cit.,* p. 734ss; 745s; 750ss.

ÍNDICE ANALÍTICO

Acessoriedade: ver *Aval*

Aval

- como garantia (voluntária) do pagamento da letra: n.os 3, 8, 16 a 19, 31, 33s, 37, 39.
  Ver também *Pagamento da letra.*
- -acessoriedade: n.os 19, 39.5, 39.10. Cf. também n.os 8 e 31.
- como obrigação de garantia da obrigação avalizada
- -acessoriedade: n.os 4, 9, 20s, 25, 28s, 38. 2, 5, 6 e 15
  Cf. também n.os 8, 14 a 17, 30 a 32, 38.10s, 24
- -no domínio do C. Com. de 1833: n.os 1ss
- -no domínio do C. Com. de 1888: n.os 6ss, 38. 2
- -no domínio da L. U.: n.os 11, 14, 38. 11 e 15

Pagamento da letra: n.os 3, 8, 19, 31, 39. 2

Protesto
— e acessoriedade do aval: n.os 25, 28s, 38.5s, 15 e 24
  Cf. também n.os 30s, 38.10s, 39.10s.
— função do – e posição do avalista do aceitante: n.os 5, 20, 22, 26, 31, 36, 39.
— tese de desnecessidade do – para accionar o avalista do aceitante
— –no domínio do C. Com. de 1888: n.os 20, 21ss (crítica), 38.A.
— –no domínio da L.U.: n.os 25ss, 38.B e 38.C (crítica).
— –tese da necessidade do – para accionar o avalista do aceitante: n.os 33ss, 39.

ÍNDICE GERAL

ABREVIATURAS 7

NOTA PRÉVIA 9

I
A NATUREZA DO AVAL NO C. COM. DE 1833

1. O aval como fiança, isto é, como garantia do cumprimento da obrigação do avalizado 17
2. *(Cont..)* 17
3. Comentário 19
4. *(Cont.)* 19
5. O aceitante é obrigado cambiário independentemente de protesto: justificação. A posição do seu avalista. 19

II
A NATUREZA DO AVAL NO C. COM. DE 1888

6. O aval como fiança cambiária. 21
7. Base legal desta tese. 21
8. Comentário 22
9. A acessoriedade do aval: fundamento, sentido e limites. 24

III
A NATUREZA DO AVAL NA L. U.

A
DOUTRINA DO AVAL-FIANÇA

10. A L. U. diferencia-se do C. Com. 27
11. Subsistência de alguma doutrina partidária da tese do aval-fiança. 27

B
DOUTRINA DO AVAL GARANTIA HÍBRIDA

12. Abandono da tese do aval-fiança. 29
13. O aval diferencia-se da fiança. 30
14. O aval como figura híbrida de garantia materialmente autónoma (mas autonomia circunscrita e excepcional) e formalmente acessória da obrigação do avalizado . Confronto com a tese do aval-fiança (cambiária): substancial identidade 31

C
A TESE DO AVAL VERDADEIRA GARANTIA AUTÓNOMA, ISTO É , NÃO GARANTIA DE UMA OBRIGAÇÃO

15. Acessoriedade da fiança. Síntese do exposto acerca da natureza do aval 36
16. A posição do Prof. PAULO CUNHA 38
17. *(Cont.)* O aval como garantia (autónoma) do pagamento da letra 39
18. *(Cont.)* 41
19. *(Cont.)* 41

IV
A TESE DA NÃO NECESSIDADE DE PROTESTO PARA DEMANDAR O AVALISTA DO ACEITANTE

A
NO DOMÍNIO DO C. COM. DE 1888

20. A desnecessidade do protesto como consequência da acessoriedade do aval 47
21. Crítica. Impropriedade do conceito de acessoriedade utilizado pela doutrina; fundamento, significado e limites da acessoriedade. 48
22. A não necessidade do protesto só se justifica em relação ao aceitante. 51
23. *(Cont.)* Crítica da tese de que o avalista do aceitante é solidariamente obrigado com este a pagar a letra no vencimento (obrigado directo). .. 53
24. *(Cont.)* 54

B
NO DOMÍNIO DA L. U. – DOUTRINA PARTIDÁRIA DA TESE DO AVAL-FIANÇA

25. A posição do Prof. PINTO COELHO. 55
26. *(Cont.)* Crítica. 57

27. *(Cont.)*.	60
28. Conclusão.	61

C
NO DOMÍNIO DA L. U. – DOUTRINA QUE CONSIDERA O AVAL COMO UMA GARANTIA DA OBRIGAÇÃO DO AVALIZADO MAS DISTINTA DA FIANÇA

29. A interpretação da L. U. de acordo com a tradição. Consequências	62
30. A posição da RLJ (interpretação lata do art. 32 I L. U.; o avalista do aceitante como obrigado cambiário directo).	68
31. Crítica.	71
32. A posição do Prof. FERRER CORREIA.	78

V
A TESE DA NECESSIDADE DO PROTESTO PARA ACCIONAR O AVALISTA DO ACEITANTE

33. A posição do Prof. PAULO CUNHA	81
34. Comentário	82
35. Revisão da tese contrária pelo Dr. CARLOS PEREIRA	83
36. Outros autores partidários da tese da necessidade do protesto	84
37. Ecos desta doutrina na jurisprudência	86

VI
CONCLUSÕES DA ANÁLISE DA TESE DA DESNECESSIDADE DO PROTESTO. DEFESA DA TESE CONTRÁRIA

38. Conclusões da análise da tese defendida pela doutrina e pela jurisprudência dominantes	87
A) A tese da desnecessidade de protesto no domínio do C.Com. de VEIGA BEIRÃO	87
B) A tese de desnecessidade de protesto no domínio da L. U.	88
C) Crítica da tese da desnecessidade de protesto no domínio da L. U.	91
39. O aval como garantia do pagamento pontual da letra por quem está indicado no título para o fazer. O portador de letra aceite e não protestada (não tendo sido o protesto dispensado) não é titular de qualquer direito contra o avalista do aceitante porque a responsabilidade deste não se constitui	95
ÍNDICE ANALÍTICO	103

Execução Gráfica

Gráfica de Coimbra, Lda.

Tiragem, 2600 ex. — Abril, 1991

Depósito Legal n.º 47746/91